Heinrich Nabert

Das deutsche Sprachgebiet in Europa

und die deutsche Sprache sonst und jetzt

Heinrich Nabert

Das deutsche Sprachgebiet in Europa
und die deutsche Sprache sonst und jetzt

ISBN/EAN: 9783743406551

Hergestellt in Europa, USA, Kanada, Australien, Japan

Cover: Foto ©ninafisch / pixelio.de

Weitere Bücher finden Sie auf **www.hansebooks.com**

Das
deutsche Sprachgebiet
in Europa
und
die deutsche Sprache
sonst und jetzt.

Von

H. N a b e r t.

Stuttgart.
Druck und Verlag von Strecker & Moser.
1893.

Vorbemerkung.

Seit wenigen Jahrzehnten tritt der Gegensatz der verschiedensprachigen Volksstämme Europas immer stärker hervor und artet fast überall in Feindseligkeit aus, die den ganzen Weltteil, Deutschland zumal, mit Kriegen bedroht, die um so furchtbarer sein werden, weil sie die völlige Vernichtung der von unserem Hauptsprachgebiete getrennt wohnenden Brüder be-- zwecken.

Noch immer ist es in unserem Vaterlande nur wenigen bekannt, welche Gefahren dem Deutschtume, namentlich im Südosten und Osten, erwachsen, und wie jetzt Wälsche, Slawen und Magyaren, letztere unter Verleugnung Jahrhunderte alter Rechte und Gesetze, an der Vernichtung desselben arbeiten.

Aber nicht nur unserem Volkstume, sondern auch unserer Sprache als solcher drohen Gefahren.

Die vorliegende Schrift hat den Zweck, sowohl für das Bestreben nach Reinigung unserer Sprache von fremden Beimengungen anzuregen, wie das Bewusstsein zu wecken, dass das deutsche Volk es als eine heilige Pflicht erkenne, mit Anspannung aller Kräfte die Slawisierung, Magyarisierung und Verwälschung unserer Brüder zu verhindern.

Einleitendes.

Unter Deutschtum verstehen wir die Gesamtheit der geistigen Eigenschaften unseres Volkes, die in ihm liegende Willens- und Thatkraft, seinen Schatz an Einsicht, Kenntnissen, Kunstbegabungen und Fertigkeiten, seine sittliche Weltanschauung und das Bewusstsein von sich selbst als einem einheitlichen Ganzen.

Dieses Bewusstsein vermittelt sich aber allen einzelnen Mitgliedern solcher Gemeinschaft wenn nicht einzig und allein, doch hauptsächlich durch eine und dieselbe, nirgends unter ihnen wesentlich verschiedene Sprache. Denn ohne eine gemeinsame Sprache giebt es eben kein Volk, wenn auch einen Staat; durch sie erhält es sich mit allen seinen Grundeigenschaften von Geschlecht zu Geschlecht Jahrhunderte, ja Jahrtausende!

Dies geschieht am sichersten, wo alle eine und dieselbe Sprache Redenden auf einem weder durch Meere noch durch grössere Massen anderer Völker getrennten Raume der Erdoberfläche, ihrem Sprachgebiete, beisammen wohnen und ausserdem in einem und demselben Staate vereinigt sind, so dass sie alle Geschicke mit einander teilen. Darum fühlen sich die Nordamerikaner mit den Engländern, ja, nicht einmal mehr Schweizer, Holländer und Vlämen mit uns ganz als ein Volk. Immerhin bleibt Gemeinsamkeit der Sprache die Haupt- und Grundbedingung zur Verwirklichung des Begriffes Volk, ohne deren Erfüllung von einem solchen überhaupt nicht die Rede sein kann.

Darum kann ein Volk seine Sprache nicht heilig genug halten und darf sie weder grammatisch verwildern lassen, noch sie selbst mit Fremdwörtern überfüllen und gewissermassen verunreinigen, weil sie dadurch für den grössten Teil desselben, die unteren Schichten, die Verständlichkeit, ihre Eigenart und Einheit verliert, ja, zuletzt zu Grunde geht.

Die Sprache ist es doch einzig und allein gewesen, welche uns Deutsche trotz fünf- bis sechshundertjähriger staatlicher Zersplitterung so lange zusammengehalten hat, bis sich wenigstens $7/10$ von allen unseren Europa bewohnenden Stammesgenossen im neuen Reiche zu einem staatlichen Ganzen verbunden haben, das dauerhaft zu bleiben verspricht und Anziehung auf die noch von uns getrennten ausüben oder sie wenigstens deutsch erhalten wird.

Diese Einheit wird keineswegs gefährdet durch die mit jeder Sprache nach in ihr liegenden Gesetzen vor sich gehende, vom Willen eines Volkes unabhängige, ja seiner Mehrzahl völlig unbewusste immerwährende Veränderung, die alle sehr alten Leute schon in ihrem Leben bemerken können, die aber in einem Zeitraum von 5 bis 6 Jahrhunderten so gross ist, dass sich Enkel und Ahnen, wenn die letzteren nach so langer Zeit aus ihren Gräbern sich erhüben, nicht mehr ganz verstehen könnten.

Da diese Wandlungen jedoch bei allen staatlich geeinigten Gruppen eines Volkes fast ganz gleichen Schritt halten, so leidet die Volkseinheit nicht darunter; bei staatlich oder durch grosse Verkehrshindernisse oder durch beides vom Hauptsprachgebiete getrennten Gruppen ist diese Entwickelung aber keine einheitliche, wie wir am Monterosa, in der Schweiz und in den sieben deutschen Gemeinden der weiland Republik Venedig sehen, wo noch Sprachformen des 13., 12., ja 11. Jahrhunderts gebraucht werden. Den räumlichen Zusammenhang des Bodens, auf dem eine und dieselbe Sprache erklingt, haben wir bereits mit dem Namen Sprachgebiet bezeichnet. Ausserhalb desselben, aber in nicht zu grosser Ferne davon innerhalb eines anderen befindliche Gruppen nennt man Sprachinseln. In der Ausdehnung und Örtlichkeit des ersteren wie der letzteren bemerken wir im Laufe der Zeiten bald Vergrösserung, bald Verkleinerung und daraus hervorgehende Verschiebung des Sprachgebietes, bald Entstehen, bald Vergehen der Sprachinseln. Kein Volkstum hat in Beziehung auf beides so wechselvolle Schicksale gehabt wie das unsrige.

Das deutsche Sprachgebiet in Europa sonst und jetzt.

Die Westgrenze.

Bei den Bewegungen des deutschen Sprachgebietes in der geschichtlichen Zeit bildet den Ausgangspunkt als die zuerst bekannte die Westgrenze, über welche Cäsars Geschichte von der Eroberung Galliens das Zuverlässigste, und zwar mit einer Genauigkeit enthält, welche von keinem späteren griechischen oder römischen Schriftsteller geboten wird, da sie nicht wie er während seines fast zehnjährigen Krieges die dortigen Verhältnisse hatten kennen lernen.

Bevor Cäsar das Land Germania genauer kannte, nahm er, wie es damals alle seine Landsleute thaten, den Rhein als die Grenze Galliens gegen Osten an und hielt alles bis an denselben für ein nur von Kelten bewohntes Land, obgleich Flüsse, deren Ufer nicht steile Berge oder Sümpfe sind, stets dasselbe Volk auf beiden Seiten haben. Bald wurde er eines Besseren belehrt, und zwar von den damals die Champagne bewohnenden Remen (Remi), die, obschon sie selbst Belgen waren, mit den übrigen keine gemein-

schaftliche Sache gemacht hatten und ihm sagten, dass
die meisten derselben, nämlich die Bewohner des
Landes von der Meeresküste zwischen dem heutigen
Dieppe und Antwerpen bis zum Oberlaufe der Maas
bei Sedan (also nicht die südöstliche Hälfte der Belgen
von Sedan bis zu der Quelle des Rhone [Rhodanus]),
ein Mischvolk seien, in welchem das deutsche Blut
überwöge. Sie erzählten ihm auch, dass Deutsche
vor alten Zeiten die Gallier, welche früher in diesen
Gegenden ansässig gewesen waren, vertrieben hätten.
Dürfte man das buchstäblich nehmen, so könnte man
meinen, die deutsche Sprache hätte damals bis an
die Seine-Mündung gereicht. Aber das ist doch gewiss nicht der Fall gewesen. Denn sonst hätten die
Remen die dortigen Bewohner ohne weiteres einfach
Germanen genannt, sie sagen aber nur, dass sie von
denselben abstammten. Diese (die Germanen) werden
also bei der Eroberung wohl nicht alle keltischen
Gallier vertrieben, sondern sich zwischen ihnen niedergelassen haben, mit ihnen allmählich verschmolzen
sein, und zwar ebensowohl was die Sprache, als was
den Volkscharakter betrifft, dessen Verschiedenheit
von dem der übrigen Gallier in Cäsars Kommen-
taren ja als viel kriegerischer so oft betont wird.
Die dazu gehörigen Stämme wurden von den Remen
alle aufgeführt und dabei angegeben, dass sie zusammen 290 000 streitbare Männer gegen ihn ins Feld
zu führen sich gegenseitig versprochen hätten. Bei
dieser Gelegenheit zeigt sich, dass Cäsar inzwischen
schon darüber ins Klare gekommen war, dass auch
auf dem linken Rheinufer Germanen wohnten, und
ebenso ist es eine Bemerkung von ihm, dass die An-

wohner der mittleren Maas und Sambre, nämlich die Segni, Paemani, Condrusi, Caeroesi und Eburones, die 40 000 Streiter gegen ihn stellten, mit einem und demselben Namen Germanen hiessen. Letztere sind es also nicht bloss der Mehrzahl nach, sondern alle gewesen, wie aus ihrem Verhalten gegen ihn und aus seiner Grausamkeit gegen sie noch deutlicher hervorgeht. Dass die Trevirer (Trierer) an der ganzen mittleren Mosel (der kleinen Maas) damals auch ein keltisch-deutsches Mischvolk gewesen sind, geht zwar schon aus dem ersten, dem Cäsar gemachten Berichte der Remen, aber auch daraus hervor, dass sie wiederholt gegen ihn, der sich in ihre inneren Streitigkeiten mischte, bei den überrheinischen Deutschen Hilfe suchen, überhaupt höchst kriegerisch sind, und dass Cäsar, als er sie durch wiederholte Kämpfe mit ihnen genauer kennen gelernt hatte, schliesslich von ihnen sagt, dass die gesamte Einwohnerschaft durch Lebensweise und Wildheit sich nicht sehr von den Germanen unterschiede, woraus wir wohl folgern dürfen, dass die deutschen Bestandteile in ihnen überwogen, vielleicht auch sprachlich.

Da die Mediomatriker, deren Hauptstadt das heutige Metz (Divodurum) war, und die als Südnachbaren der Trevirer an dem Oberlaufe der Maas und Mosel wohnten, nach Cäsar von den Aeduern an der mittleren Loire (Liger), also im Herzen des eigentlichen Galliens, beim Kriege aller Gallier gegen Rom ohne die linksrheinischen Germanen und ohne die erwähnten keltisch-deutschen Mischvölker aufgefordert werden, so ist anzunehmen, dass, wenn sich unter ihnen auch, wie in der ganzen Belgica,

Germanen niedergelassen oder eingedrängt hatten, der keltische Bestandteil bei ihnen den deutschen an Masse übertraf und sich dies wahrscheinlich mit ihrer Sprache ebenfalls so verhielt.

Hiernach gab es im Beginne des gallischen Krieges 58 bis 50 vor Christi Geburt auf der linken Rheinseite:

1. Ein Gebiet rein deutscher Bevölkerung, das später unter dem Namen Germania inferior für das untere Maas- und Rheinland, und ein anderes, das unter der Bezeichnung Germania superior für Elsass, Pfalz und Rheinland bis zur Mosel bekannt war;

2. ein Gebiet gemischter Bevölkerung, in welchem die Deutschen auch mit ihrer Sprache überwogen, obgleich dieselbe nicht rein war, nämlich das Land der Treverer, der wilden Nervier zwischen Schelde und Sambre, vielleicht auch das des westlichsten Stammes der Morini von Bononia (Boulogne) bis Antwerpen zwischen dem Meere und der Schelde, wenn letztere nicht reine Germanen gewesen sind, was das häufige Vorkommen des zwischen Dänemark und Normandie gelegenen Moorlandes im „Gudrunliede" sehr wahrscheinlich macht;

3. ein zweites Gebiet gemischter Bevölkerung, in welchem der keltische Bestand grösser und die keltische Sprache reiner war. Dies müssen der Natur der Sache nach die südlichsten Stämme vom Jura bis zum Kanale gewesen sein, wie es der Name dieser Meerenge (Fretum Gallicum) andeutet, also auch die zahmen Remen; denn die letzteren betonen zwar anfänglich ihre germanische Abkunft, nennen jedoch die Suessionen im Westen Blutsverwandte und Angehörige ihres Staates im Gegensatze zu den Ger-

manen. Vielleicht war auch hier die Beimischung
der Deutschen um so stärker, je näher dem Meere
und der Ebene, aber um so schwächer, je mehr die
Berge den Verkehr hemmten und Eroberungen erschwert hatten.

Die Westgrenze des reinen Deutschtumes begann
vor Cäsar also unterhalb des heutigen Breisachs (Mons
Brisiacus) am Kaiserstuhl, folgte dem Rücken der
Vogesen, näherte sich der Moselmündung auf 4 bis
5 deutsche Meilen, bog sich dann weit gegen Südwesten bis zur Maas bei Sedan und wich gegen die
Schelde zurück, während die deutsche Sprache und
der deutsche Kriegsmut bis an die Thore von Metz
im Mosellande und westlich von Sedan bis zur Wasserscheide der Nordsee und des Kanales, also bis zu den
Quellen der Schelde und Sambre, reichte. Berichtet
doch Tacitus, der etwa 150 Jahre nach Cäsar schrieb,
von Trevirern und Nerviern auch noch, dass sie sich
viel auf ihre deutsche Abkunft zugute thaten, gleich
als ob sie durch dies ruhmreiche Blut schon vor dem
Verdachte der Ähnlichkeit mit den Galliern und des
Mangels an Thatkraft sicher geschützt wären.

Hinsichtlich der damaligen Westgrenze ist zu
bemerken, dass auf der rechten Rheinseite nach Cäsars
von Tacitus in der „Germania" erwähnten Berichte
zwischen Rhein, Main und Hercynischem Walde sich
ein helvetischer Keltengau befunden habe, ja, dass
weiter gegen Osten der Name des Landes Böhmen
von einem dort durch die germanischen Markomannen
vertriebenen oder vertilgten Keltenstamme herrühre.
Dass zu Cäsars Zeiten jedoch alles dies deutsch war,
geht aus der Beifügung des Wortes olim hervor.

Die Südgrenze.

Damals war der Rhein von dem Knie bei Basel (Augusta Rauracorum) bis zum Bodensee die Südgrenze des Deutschtumes. Sie sprang von dem Westende dieses Wasserbeckens zur Donau über und folgte derselben bis an das (obere) Ende der Donauinsel Schütt. Jenseits dieser Linie wohnten Kelten in der heutigen Schweiz, in Südbayern, Tirol und im rechtsdonauischen Oesterreich nebst Steiermark oder — wie sie als römische Provinzen hiessen — in Helvetien, Rätien und Noricum, welche letztere beiden nebst Pannonien erst in der Regierungszeit des Augustus erobert und von da ab mehr oder weniger romanisiert wurden.

Die Ostgrenze.

Die Ostgrenze des Deutschtumes kannte weder Cäsar noch Tacitus genau. Denn der letztere (ein Bewunderer unserer Vorfahren) wagt es nicht, dieselbe bestimmter zu bezeichnen als mit der Redensart: Germanien wird von den Sarmaten und Daciern durch beiderseitige Furcht oder Berge getrennt. An einer anderen Stelle seiner berühmten Abhandlung nennt er die Osi im Westen des Tatragebirges längs der Waag einen deutschen Stamm, später behauptet er, sie sprächen Pannonisch, obgleich sie teilweise den deutschen Quaden zinspflichtig seien. An letzterer Stelle erklärt er auch, dass er nicht wisse, ob die Aravisci in Pannonien um den Neusiedler See und Oedenburg her im Westen der Raab aus dem Gebiete der Osi dahin ausgewandert seien oder umgekehrt diese aus dem Gebiete der Aravisci nach Norden, weil sie beide dieselbe Sprache hätten. Von den an den Weichsel- und Oderquellen im heutigen Oberschlesien und Westgalizien Eisenerze zu Tage fördernden Gothinen, einem ebenfalls den Quaden zinspflichtigen Stamme, meint er sogar, sie seien gallischer Zunge; aber dass nur Deutsche vom reinsten Wasser in Böhmen und Mähren wohnten, wusste er aus ihren Beziehungen zu Rom, welches ihren Königen Gelder zukommen liess, ganz sicher. Er nennt dieselben sogar die Heeresfronte Germaniens. Dann zählt er noch eine Reihe von Volksstämmen längs der Oder und Weichsel als Deutsche auf, wonach es unzweifelhaft ist, dass damals im ganzen Gebiete des erstgenannten Flusses und im grössten Teile des Weichselgebietes, also im heutigen Schlesien, Posen, Ost- und Westpreussen, ja, im ganzen westlichen Polen nur unsere Sprache erklang. Danach hätten damals ihre Ostgrenze die Kleinen Karpathen, das Neutra- und Tatragebirge und von da ein nördlich sich bis an die Weichsel erstreckender Hügelzug, dann dieser Fluss selbst bis zur Einmündung des Buges in denselben, endlich die Scenkette von dort bis zum Niemen gebildet, wo Guttonen und — nach späteren Schriftstellern — weiter östlich Heruler wohnten. Von den noch weiter gegen Südosten ansässigen Germanen wusste Cäsar noch gar nichts und hatte selbst Tacitus, wie auch von den Wenden und Finnen, nur unklare Vorstellungen, da er selbst sagt, er wisse nicht, ob er diese letzteren beiden zu den Germanen oder Sarmaten rechnen solle. Nur von den Bastarnen, die das ganze heutzutage österreichische Galizien inne hatten, wusste er, dass sie Deutsch sprachen und ihre

Lebensweise, die Anlage ihrer Ortschaften und der Bau
ihrer Häuser mit denen der Deutschen übereinstimmten.
Aber alle seien schmutzig und ihr Adel stumpf und
schlaff geworden, weil sie sich durch Mischchen mit
den Sarmaten (Slawen) befleckt hätten.

Die Nordgrenze.

Tacitus rechnet auch noch Schweden und Dänemark zu Germanien. Wir sehen davon ab und nehmen
die Küsten der Nord- und Ostsee als die damalige
Nordgrenze unserer Sprache an.

Veränderungen des deutschen Sprachgebietes bis vor dem Beginne der Völkerwanderung.

Das den Römern im letzten Jahrhundert vor
Christi Geburt und im ersten Jahrhundert nach derselben bekannte und allein genau abgrenzbare deutsche
Sprachgebiet diesseits der Weichsel und Kleinen Karpathen muss einen Flächenraum von rund 12 000
deutschen Geviertmeilen gehabt haben. Dasselbe er-
litt jedoch während dieser Zeit schon Veränderungen;
zuerst im Westen. Cäsar hatte sie angebahnt, wenn
sie sich auch erst nach seinem Tode vollzogen; und
wir erkennen in der jetzigen Lage der westlichen
Sprachgrenze nicht nur die Nachwirkung von Cäsars
Thaten, sondern empfinden auch deren Nachteile für
uns fort und fort. Die Grösse dieses Feldherrn wollte
kein echter Römer anerkennen; er verdient auch
von uns nicht, dass wir dies thun, denn er hat sich
in der Geschichte unseres Volkes durch sein Verfahren
gegen unsere linksrheinischen Brüder ein Schandmal

sondergleichen errichtet und sollte von uns nur als
der römische Wüterich oder Bluthund bezeichnet
werden, da er die Deutschen dort völlig auszurotten suchte. Von den Nerviern im Scheldegebiete
rühmt er sich mit teuflischer Kaltblütigkeit, dass er
das ganze Volk fast bis auf den Namen vertilgt habe;
von 600 Senatoren hatte er nur 3, von 60 000 streit-
baren Männern kaum 500 leben lassen. Auch das
ganze Land der Eburonen auf beiden Seiten der Maas
von Sedan abwärts verwandelte er in eine Wüste,
indem er nicht nur 3 Legionen zu diesem Behufe
absandte, sondern auch zur Vertilgung der Bewohner.
Er veranlasste selbst auf die geflüchteten Greise,
Weiber und Kinder in allen Naturverstecken von
Wäldern und Sümpfen eine Hetzjagd, zu welcher er
die den Deutschen feindlich gesinnten Nachbarstämme
eingeladen hatte. Dasselbe war mit den Gauen der
Menapier längs der Meeresküste geschehen, die sich,
als alle ihre Felder verwüstet, ihr Getreide abge-
mäht, ihre Wohnstätten niedergebrannt waren, im
Dickichte der Wälder versteckt hatten. So hatten
diese Ungeheuer von Römern auf 800 Geviertmeilen
deutscher Erde gehaust! Nach diesen Menschen-
metzeleien siedelten sich in den meisten so enstandenen
Wüsteneien Kelten, untermischt mit Römern, und
später romanisierte Kelten von Gallien aus an und
erhielten sich im südlichen Teile derselben bis auf
den heutigen Tag. Der Schaden, den Cäsar damals
anrichtete, erweist sich daher auch jetzt noch als ein
solcher. Das Königreich Belgien ist dadurch ein
zweisprachiges Land; sein wälscher Bestandteil hält
es von Deutschland fern, weckt die Gelüste der Fran-

zosen nach diesem Stücke der Erde und bestärkt sie
in denen nach dem ganzen linken Rheinufer, ja, wird
auch unseren Nachkommen noch Grund zu blutigen
Kriegen bleiben, wie es dazu schon so oft Veranlassung
gegeben hat.

Die zweite Entdeutschung von Teilen unseres
Sprachgebietes in der Zeit von Cäsars Tode bis zu
des Tacitus Berichte über unser Vaterland bahnte
sich im Südwesten an, als die Römer auf der rechten
Rheinseite ihre Grenzpfähle aufgepflanzt und Befesti-
gungen von dort bis fast an den nördlichsten Punkt
des Donaulaufes angelegt hatten, und als von Basel
bis Utrecht alle jene grossen Städte am Rheine entstanden, die noch jetzt blühen, damals aber zahlreiche
römische Besatzungen enthielten. Wie weit die Absicht
Roms in den unter seiner Botmässigkeit stehenden Ger-
manenlanden gelang, ist schwer zu bestimmen. Man
kann nur aus den mehr oder weniger häufigen Römer-
gräbern einer Gegend darauf bezügliche Schlüsse
ziehen. Am meisten war das Vernichtungswerk der
ewigen Feindin Germaniens aber unzweifelhaft im
Mosellande gediehen; denn als Trier zwei römischen
Kaisern, Maximian und Konstantin, zur Residenz diente,
als dort die Porta nigra erbaut und das Amphi-
theater errichtet wurde, als Ausonius in 483 Hexa-
metern die Naturschönheiten der Mosel besang, muss
wohl nur noch wenig Deutsch dort gesprochen worden
sein. Was an Deutschen auf dem so dem römischen
Reiche einverleibten Boden verblieb, waren die Land-
leute, welche sich dazu bequemten, von den Äckern,
die sie bebauten, den Zehnten an die Römer zu zahlen,
wie dies der damalige Name des südlichen Teiles von

Württemberg und Baden: Zehntenland, schimpflich genug ausdrückte. Und dass hier auch dem Deutschtume der Untergang drohte, deutet Tacitus in der „Germania" mit den Worten an: Diejenigen, welche das Zehntland bebauen, möchte ich, obgleich sie sich von Italien und Gallien aus jenseits des Rheines und der Donau dort niedergelassen haben, nicht zu den Völkern Germaniens zählen. Denn diesen Boden von zweifelhaftem Besitze haben nur lauter arge gallische Schwindler, deren Besitzlosigkeit ihnen Mut einflösste, besiedelt. Es war also keltisches Gesindel, durch welches die Römer in dem Zehntlande die Romanisierung zu bewirken versuchten. Im Westen (darunter sind zu verstehen halb Holland, ganz Belgien, die französischen Departements du Nord und Pas de Calais, die Rheinprovinz, Hessen-Darmstadt, die Pfalz, Unterelsass, Baden und Württemberg) schien das deutsche Sprachgebiet in 200 Jahren sich von 12000 auf 10000 Geviertmeilen vermindern zu sollen; aber der Plan Roms gelang nicht, seine Herrschaft nahm vielmehr ein Ende mit Schrecken.

Neue Veränderungen der deutschen Sprachgrenzen.

Noch sind die Ursachen nicht entdeckt, welche die Völkerwanderung, diese 7 Jahrhunderte, nämlich von 118 vor bis 568 nach Christi Geburt, dauernde Bewegung der im Norden und Osten wohnenden Völker Europas und derjenigen Westasiens gegen Süden und Westen bewirkt haben. Alle germanischen und slawischen Volksstämme beteiligen sich daran, auch ein finnischer, die Magyaren. Alle dringen

ins römische Reich hinein, am weitesten die Germanen,
ja, die letzteren erscheinen mit Wehr und Waffen als
Sieger in sämtlichen Provinzen desselben nördlich des
Mittelmeeres, sogar auf der Südseite desselben von
den Säulen des Herkules bis zu der Kleinen Syrte
und von der Sahara bis zu den Hebriden, wo Nor-
mannen, Angeln, Sachsen und Friesen zu einem neuen
Volke zusammenschmelzen, das nach schweren Schick-
salsproben zum thatkräftigsten Europas wird und in
zwei anderen Weltteilen in abermaliger Erneuerung
noch gewaltiger zu werden verspricht. Da wird für
die Germanen das westliche Mittelmeer zur Vendilsee
(Vandalensee), und der schönste Teil des Hesperiden-
gartens empfängt den Namen Andalusien (Vandalusien)
statt der römischen Bezeichnung Baetica.

Erst durch die Völkerwanderung wird es den
Römern kund, dass vom Tatra bis zum Kaspischen
Meere am heutigen Dnieper (Borysthenes), Don
(Tanais), ja, vom oberen Dniester bis zur unteren
Wolga auf einem 40 bis 50 deutsche Meilen breiten
und über 200 deutsche Meilen langen, als etwa 10 000
Geviertmeilen grossen Gebiete im Norden des Schwarzen
Meeres (Pontus Euxinus) eine Menge germanischer
Stämme gewohnt hatte; denn grade diese eröffnen
den Zug der Völker, welche das Römerreich zer-
trümmern sollten, nachdem es ihren Vorläufern, den
Kimbern und Teutonen, nicht gelungen war. Was
die beiden europäischen Kulturvölker des Altertumes
mit dem allgemeinen Namen Skythen bezeichnet hatten,
tritt jetzt auf als Gepiden, Juthungen, Westgoten,
Taifalen, Therwinge, Ostrogoten, Greuthungen, Heruler,
Turcilinge, Alanen und Bajuwaren, mit Ausnahme

der letzteren lauter Stämme jenes zweiten, östlicheren Germaniens, das leider von da ab zu bestehen aufhört. Sie kommen alle, aber nicht bloss als Rächer und Zerstörer des alten grossen Mittelmeerstaates, der eben angefangen hatte, ihre westlich wohnenden Brüder zu knechten, sondern als Begründer neuer Staaten und Sprachen, d. h. neuer Völker, und erweisen sich als würdig und fähig, eine höhere Gesittung als die heidnische, auf Vielgötterei beruhende zu entfalten.

Doch jetzt entsteht die Frage: Haben sie das Deutschtum gefördert oder geschädigt? Darauf müssen wir antworten: beides. Und das zeigt sich, wie Cäsars Germanenmord in Belgien, bis auf den heutigen Tag. Gefördert haben sie es zuerst durch Vernichtung seines Todfeindes, des alle Nachbarstaaten verschlingenden Römerreiches, besonders aber dadurch, dass sie aus dem grössten Teile des Alpenlandes im Süden der Donau und des Rheines die romanisierten Kelten vertrieben und dort die deutsche Sprache nicht nur zur herrschenden, sondern fast zur alleinigen machten, kurz Helvetien, Rätien und Noricum in die burgundisch-alemannische Schweiz, in Bayern und Tirol, in Oesterreich, Steiermark, Kärnten und Gottschee verwandelten und die Zehntlande abschafften, also im Süden der Donau an 3000 geographische Geviertmeilen dem Gebiete unseres Namens hinzufügten. Leider gelang dasselbe weder in Pannonien noch in Dacien den Goten, Longobarden und Gepiden. Bis in unsere Tage, obwohl durch einen breiten Streifen slawischer Stämme und durch Magyaren von den Italern getrennt, hat sich in Dacien die unter Trajan (98 bis

117) durch römische Ansiedler vom Tiber an die Donau-
mündung verpflanzte Sprache, wenn auch stark mit
Worten der umwohnenden Völker versetzt, auf einem
Gebiete von fast 5000 deutschen Geviertmeilen so
weit erhalten, dass man sie als eine Tochter des
Lateins erkennen kann und anerkennen muss.

Aber nicht bloss die Südgrenze der deutschen
Sprache wurde durch die Völkerwanderung vor-
geschoben, sondern an mehreren Stellen auch die
Westgrenze, obschon nicht so beträchtlich. An der
Nordseeküste rückte sie vor bis an die Thore von
Boulogne sur mer im heutigen Frankreich, wie die
Dorfnamen beweisen, welche östlich und nördlich von
dieser Stadt fast alle deutsch sind, ja, in vereinzelten
Gruppen bis zu den Quellen der Schelde, Henne,
Senne und Sambre in den deutschnamigen Gauen
Brachbant, Osterbant und Hennegau, wo selbst viele
Flecken und Städte bis auf den heutigen Tag doppel-
sprachige Bezeichnungen haben. An der Mosel in
und um Trier und südlich dieser Stadt bis an die
Thore von Metz verschwand das Latein gleichfalls,
obschon noch im Jahre 565 Venantius Fortunatus
aus Treviso (Tarvisium) an die Wittwe des ersten Lo-
thars, Radegunde, eine thüringische Prinzessin, zärt-
liche Gedichte und lobpreisende Verse in dieser
Sprache richtete, welche sie demnach verstehen musste.

Im Elsass endlich hörte das Deutsche nicht mehr
bei Breisach auf, wie früher, sondern wurde noch in
Mömpelgart gehört. Ob es damals schon über den
Monte Rosa bis in dessen südliche Thäler gedrungen
ist, mag dahingestellt bleiben, obgleich es nicht un-

möglich scheint. Es müssen infolgedessen auch eine Menge deutscher Sprachinseln längs der neuen Grenzen auf dem wälschen Boden entstanden sein, von denen noch Spuren in den Ortsnamen zu finden sind.

Von den 2000 Geviertmeilen, welche das Deutschtum im Westen an die Römer verloren hatte, waren fast 1600 wiedergewonnen.

Diese Erweiterung unseres Sprachgebietes im Süden und Westen des Taciteischen Germaniens war der Gewinn, den uns die Völkerwanderung brachte, aber grösser noch waren die Verluste für unser Volkstum, welche man jedoch vielleicht dadurch als aufgewogen betrachten kann, dass es nach derselben vorläufig keinen Staat mehr gab, der unser Leben und Dasein so sehr gefährden konnte, wie es Rom gethan hatte.

Die Verluste unseres Volkstumes bestanden darin, dass ausser den nach Britannien meerüber gesegelten Angeln, Friesen, Sachsen und Dänen alle die Stämme, welche römische Provinzen erobert und sich darin als Fürsten und Herren niedergelassen hatten, mit der zahlreicheren römischen oder romanisierten Bevölkerung, die ihnen gehorchte, zumal durch den Einfluss der Geistlichkeit, nach und nach verschmolzen und die deutsche Sprache verlernten.

Und dies waren nicht nur die den Römern bis dahin ihrem eigentlichen Volkstume nach unklar gewesenen Germanen am Schwarzen und Kaspischen Meere, sondern die Hülfte aller ihnen bekannten und von ihnen befehdeten und beschriebenen im Gebiete der dem Baltischen Meere und der Nordsee zuströmenden Gewässer Elbe, Oder und Weichsel, ja, des oberen

Mains im Rheingebiete, zusammen die Bewohner von
12000 bis 14000 deutschen Geviertmeilen, von denen
5000 auf das deutsche Land diesseits des Tatragebirges und 8000 bis 9000 auf das jenseits desselben
liegende Land kommen. Wo sind jetzt noch Longobarden, Variner, Semnonen, Hermunduren, Vandalen,
Rugier, Burgundionen, Naharvalen, Heruler, Bastarner,
Gepiden, Alanen, Juthungen und vor allen Goten,
dieser edelste, schönste, frommste, mildeste und ge-
bildetste deutsche Stamm? Sie waren mit Weibern
und Kindern ausgewandert, und zwar in so grosser
Zahl (200000 streitbare Männer folgten im Jahre
489 dem Theoderich von beiden Ufern der Donau
aus Mösien), dass die alte Heimat zur Einöde ward
und selbst den früheren Namen verlor, der sich nun
auf einige von ihnen erkämpfte Landstriche übertrug,
wie Burgund, Frankreich, Lombardei, Katalonien und
Andalusien, ohne dass darum dort die deutsche Sprache
sich erhalten hätte.

Es hat keinen Wert für uns, dass die neulateinischen Sprachen beinahe ein Zehntel ihres jetzigen
Wortschatzes aus dem unsrigen entlehnten, zumal die
französische, und zwar, weil die Franken fast ein
halbes Jahrtausend lang mitten unter den Gallo-
Romanen noch deutscher Rede pflogen: das aus beiden
entstandene Mischvolk, die Franzosen, sind stets unsere
schlimmsten Feinde gewesen, seit die Franken bei
Zülpich die Alemannen schlugen, mit deren Namen
sie ja bis zum heutigen Tage uns Deutsche alle bezeichnen!

In die durch die Völkerwanderung ganz oder
grossenteils entvölkerten Wohnsitze der vorhin ge-

nannten germanischen Stämme drangen nun slawische
Völker und eine finnische Hunnenhorde, die Magyaren,
ein, denen die wenigen Zurückgebliebenen keinen
Widerstand zu leisten vermochten und sich ihnen
daher entweder unterwarfen oder in die Wälder und
Gebirge flohen und dort blieben. Harz, Thüringer
und Böhmer Wald, Erzgebirge, Riesengebirge, Sudeten
und die nordöstlichen Alpen wurden ihre Zufluchtsstätten. Das gesamte Slawentum schob sich nämlich
nach Westen vor, und zwar in drei getrennten Massen,
von denen die nördlichste und mittlere den Zusammenhang der Deutschen im Osten aufhoben und die südlichste sich zwischen sie und die Italiener drängte.
Ja, die nördlichste hatte uns von dem Meere getrennt,
das den Römern Mare suevicum (Schwäbisches Meer)
hiess und jetzt Ostsee genannt wird.

Als die slawische Bewegung zum Stillstande gekommen war, reichten deutsche Herrschaft und Sprache
nicht mehr weit gegen Osten. Die Grenze derselben
begann im Süden an den Quellen der Drau und zog
sich im Zickzack zur Mündung der Ips in die Donau
unweit und etwas oberhalb Pöchlarens und Mölks,
zog dann hinüber nach dem Ostfusse des Böhmer
Waldes, begleitete diesen bis zu den Quellen der Eger,
ragte westwärts vor bis über die Quellen des Mains,
erstreckte sich dann östlich des Frankenwaldes an
der Saale entlang gegen Norden bis zum Einflusse
derselben in die Elbe, begleitete diese bis zur Mündung
der Havel, überschritt dieselbe, griff in das alte
Sachsenland fast bis nach Lüneburg hinüber und
endigte erst bei Kiel, das heutige Holstein durch-
schneidend und im Osten das obotritische Wagrien

vom deutschen Transalbingien trennend. Danach
war nur noch die Hälfte von Altgermanien deutsch.
Es fehlten ausser einem Teile der heutigen preussischen
Provinz Sachsen alle übrigen Provinzen der Osthälfte
des heutigen Königreichs Preussen, es fehlte ein Stück
von Holstein, das ganze heutige Königreich Sachsen,
das östliche Thüringen, ganz Böhmen, ganz Mähren,
ein Drittel des Erzherzogtums Österreich, die ganze
Steiermark, Kärnten und was jetzt in Krain deutsch
ist, kurz, wo später Lübeck, das Haupt der gewaltigen
Hansa, gegründet wurde; da, wo Berlin und Wien,
Leipzig und Dresden, Stettin und Graz liegen, war
slawischer Boden. Ja, es hatten sich vereinzelte
Scharen von Slawen schon diesseits der eben beschriebenen Grenze angesiedelt an der Ilmenau bei
Lüneburg, im Norden von Braunschweig, wo die beiden
Dörfer Wendhausen und Wenden vorkommen, an der
Leine, auf dem Eichsfelde die aus 14 Dörfern be-
stehende Windische Mark bildend, an der Werra unweit Eschwege, wo noch 4 Dörfer nach ihnen heissen,
in Ostfranken, wo die drei Flüsse Rednitz, Regnitz
und Pegnitz bei Nürnberg slawische Namen haben
und an der Naab ein Ort Windisch-Eschwege heisst,
an der Fulda, wo sie der heilige Sturmius fand.

Das gesamte Gebiet der reinen Germanen zwischen
Saar und Rednitz war damals höchstens 36 bis 70
Meilen breit und 120 Meilen lang von der Nordsee
bis an die Etsch, also etwa 7000 Geviertmeilen gross.
Hatte es durch die Völkerwanderung im Süden 2000,
im Westen 1800 Geviertmeilen gewonnen, so betrug
sein Verlust im Osten 5000 bis 6000 Geviertmeilen.
In geschlossener Masse befanden sich unsere Ahnen

kaum noch auf einem Gebiete, das einem Drittteile
ihrer Urheimat gleichkam. Es ist ein Wunder oder
ein glänzender Beweis von Unverwüstlichkeit und
innerer Lebenskraft, dass die wenigen der Mehrzahl
nach daheim gebliebenen Stämme der Friesen, Niedersachsen, Hessen, Thüringer, Franken, Alemannen oder
Schwaben, einiger von der Warthe (im späteren Polen)
bis an die Aar in der Schweiz gezogenen Burgunden
und der Bajuwaren, dieser aus Böhmen und Mähren
mit verändertem Namen ins südliche Donauland gekommenen Markomannen, solchem Andrange nicht
erlegen sind, sondern sogar durch teilweise immer-
während Auswanderungen gegen Osten auf dem altgermanischen Boden ihre Sprache allmählich wieder
zur Geltung brachten, ja, dorthin die Schwerpunkte
deutscher Macht und Staatenbildung (Wien und Berlin)
verlegten!

Seit dem Einfalle der Kimbern und Teutonen
und ihrem Zuge durch die Alpen bis zur Regierungszeit der weisen Königin Theodolinde, also fast 700
Jahre hindurch, hatten ja deutsche Stämme sich in
der fruchtbaren Po-Ebene bleibende Wohnsitze zu
erkämpfen gesucht und hatten seit 476 nach Christi
Geburt deutsche Fürsten das Land, mit der kurzen
Unterbrechung von kaum 20 Jahren durch die Siege
Belisars und Narses', beherrscht. Die meisten in
Italien gebliebenen Deutschen waren Goten und nach-
her Longobarden, um deren Königsburgen zu Ravenna
und Pavia sich gewiss viele derselben angesiedelt
hatten. Von den etwaigen Resten der 101 vor Christi
Geburt bei Vercelli geschlagenen Kimbern, von denen
der Markomannen und ihrer vandalischen Stammes-

brüder, die 166 nach Christi Geburt bis Aquileja
kamen, der Alemannen, die gegen die Römer zur Zeit
des Kaisers Probus 270 am Gardasee, 405 unter
Radagais in Toscana gegen Stilico, den Feldherrn
des Kaisers Honorius, kämpften, von denen der
Heruler und Rugier in Tirol, der Gepiden im Heere
des Narses, der Alemannen unter Leutharis und
Butilinus 554, der Sachsen im Heere Alboins 570
sehen wir ab. Aber gewiss hat es südlich der
Wasserscheide zwischen Donau und Po kurz nach
der Völkerwanderung, also im 7. Jahrhundert, viele
Sprachinseln gegeben, und unsere Sprache herrschte
östlich der Etsch bis an den Südfuss der Alpen auf
dem Lande ausserhalb der grösseren Städte vor, was
aus der Doppelnamigkeit der Dörfer und kleineren
Städte hervorgeht, zumal wenn dieselbe nicht aus Ver-
stümmelung der lateinischen Bezeichnung hervorge-
gangen erscheint, sondern der heutige Name gar nur
die Italianisierung eines deutschen Wortes ist.

Es mag die Südgrenze damals folgende Gestalt
gehabt haben: am Matterhorn beginnend, zog sie sich
wahrscheinlich vom obersten Ende des Val Tournanche
nach dem Val de Challant, wo noch der Name Canton
des Allemands daran erinnert, reichte weit südlich des
Monte Rosa im Thale von Gressoney und durchschnitt
die Thäler der Sesia unterhalb Rivas, Valle Piccola
unterhalb Rimascos, des Rothwiesbaches (Bise rosso)
unterhalb Rimellas und das Thal der Tosa wenig
oberhalb deren Mündung in den Lago Maggiore
zwischen Ornavasso und Pallanza, lief dann auf der
Wasserscheide des Pommatter- und Mayenthales, in
dasselbe hinübergreifend und nicht nur, wie heute,

einen westlichen Zufluss beider, sondern vielleicht den ganzen mittleren und Oberlauf umfassend, zum St. Gotthard; dann hörte wohl die deutsche Sprache auf den die Kantone Uri und Glarus vom Quelllande des Rheines trennenden Bergfirsten auf. In ganz Graubünden wurde (nach Salis-Seewis) Räto-Romanisch gesprochen. Die Sprachgrenze lag also auf der steilen Rätikonkette. Das Überwiegen der undeutschen Berg- und Ortsnamen im Innthale wie im oberen Etschthale lässt vermuten, dass Landeck im ersteren Thale der westlichste deutsche Posten war und einst selbst im Etschthale das Räto-Romanische bis vor die Thore von Meran reichte und nur im Ulten- und Passeierthale das Deutsche vorherrschte.

Die Veränderung der Sprachgrenzen von der Völkerwanderung bis jetzt.

Die Ostgrenze.

Am Ende des 6. Jahrhunderts war das Deutschtum auf 6000 bis 7000 Geviertmeilen zwischen Elbe und Böhmer Wald im Osten, Schelde, Ardennen und Vogesen im Westen, Nordsee im Norden und Monte Rosa und Verona im Süden zusammengeschrumpft. Von da an nimmt die Wiedererwerbung des verlorenen Bodens im Osten ihren Anfang. Sie ist ein Kampf auf Leben und Tod zwischen dem Deutschtume einerseits und dem Slawentume in Verbindung mit den Magyaren, den Nachfolgern oder würdigen Abkömmlingen der Hunnen andererseits. Dieser Kampf wird nur äusserlich durch Waffenstillstände unterbrochen, dauert aber geistig immer fort, hat schon länger als

ein Jahrtausend gewährt und wird wahrscheinlich erst
nach einem weiteren Jahrtausend endigen, wenn alle
Landstrecken, die Deutschland zu seinem Bestehen
bedarf, zu einem einzigen Staate vereinigt sind.

Die Goten hatten schon unter Hermanarich und
seinen Vorgängern, als sie noch in Ungarn wohnten,
anfangs des 4. Jahrhunderts gegen die von Kaiser
Probus auf sie gehetzten Slawen und Athanarich
gegen die Hunnen am Ende desselben Jahrhunderts
zu kämpfen. Ja, der Sieg des Aëtius über Attila
bei Chalons an der Marne 451 ist, trotzdem viele
Deutsche auch für ihn kämpften, doch ein Sieg des
Deutschtumes, weil das Heer des ersteren viel mehr
von unseren Landsleuten zählte. Aber ein eigentliches
Vorrücken unserer Staats- und Volksgrenzen beginnt
erst mit Karl dem Grossen und konnte erst geschehen,
nachdem er alle noch vorhandenen rein deutschen
Stämme unter seiner Herrschaft vereinigt hatte. Er
trieb nicht nur die Avaren, die sich den Hunnen in
Ungarn gesellt hatten, von der Donau weit oberhalb
Wiens zurück bis an die Theiss, sondern schickte so
viele bayerische und schwäbische Ansiedler dorthin,
dass der Strich auf beiden Seiten der Donau bis Raab
den Namen Bayerische Mark oder Ostarrichi bekam.
So wie er die Avaren gebändigt hatte, that er es
auch mit den Slawen. Der Frankengau zwischen
Sau, Drau und Donau hielt die heutigen Bosniaken
und das avarische Raubgesindel im Zaume, so dass
sie die von dem grossen Kaiser gestiftete Kärntische
Mark anfänglich nicht behelligen konnten und die
Deutschen bis in die Julischen Alpen und bis an den
Plattensee ihre Ansiedelungen auszudehnen wagten.

Vesprim, wie die Magyaren den deutschen Namen Weissbrunn verunstaltet haben, war in jener Zeit entstanden, und die 170 000 Hienzen um den Neu-siedlersee von der Donau bis zur Mur jenseits der Leitha sind noch Reste jener Deutschen.

Karl der Grosse setzte übrigens auch nördlich der Donau die Kämpfe der Sachsen gegen die Slawen fort und konnte schon auf dem ihnen wieder abge-rungenen altdeutschen Boden die Städte Magdeburg und Halle gründen. Er bezwang die Wendenstämme der Obotriten und Wilzen in Holstein und Mecklen-burg, der Pomoren in Vorpommern, die Sorben im heutigen Königreiche Sachsen und Ostthüringen und machte sie sich zinsbar. Unter Ludwig dem Deutschen geschah dies auch mit den Tschechen und Maharanen in Böhmen und Mähren durch den deutschen Mark-grafen Ernst und Karlmann, den Sohn des Kaisers. Kaiser Arnulf übte sogar schon vor 900 eine freilich nicht immer anerkannte Lehensherrschaft über Böhmen und Mähren aus. Doch inzwischen war zu den Resten der Hunnen und Avaren im alten Pannonien, dem heutigen Ungarn, auch die finnische Horde gekommen, nach welcher sich jetzt, wo sie mit ihr zu einem Volke verschmolzen sind, alle drei nennen, die Magyaren. Durch diese wilden Reiter ward ein grosser Teil dessen vernichtet, was die Karolinger für Ausbreitung des Deutschtumes gethan hatten, da Ludwig das Kind, der letzte derselben in unserem Lande, ihnen nicht wehren konnte. Sengend, brennend und mordend machten sie auf ihren flinken Rossen Raubzüge ins deutsche Land nach Kärnten, an der Donau aufwärts bis nach Bayern, nach Franken und Thüringen. Von

der Theiss wich die deutsche Staatsgrenze zurück bis
an die Enns, und wo jetzt das Kloster Mölk auf dem
schönen Berge an der Donau prangt, erbauten die
Magyaren ihre Königsburg. Im Jahre 913 streiften
Scharen dieses Raubgesindels bis nach Schwaben, 915
im Bunde mit Böhmen und Sorben bis vor die Thore
von Bremen und 916 ins obere Rheinthal bei Konstanz und ins Elsass, wo sie jedoch von den Bauern
unter Hirminger und dem Grafen Liutfried vernichtet
wurden. Trotzdem fielen magyarische Reiter 919
schon wieder in Deutschland ein und machten mit
den Slawen gemeinschaftliche Sache. Jetzt galt es
vernichten oder vernichtet zu werden. Der grosse
Kaiser Heinrich der Erste, bedeutend als Staatsmann,
Gesetzgeber und Krieger, rettete das Reich und unser
Volkstum. Nachdem er mit den Magyaren einen
scheinbar schimpflichen Frieden geschlossen hatte,
unterwarf er die sorbischen Stämme an der Havel,
mittleren Elbe und Priegnitz, eroberte ihre Hauptstadt
Brannibor (Brandenburg), schuf ihr Land in eine
deutsche Mark um, setzte einen niedersächsischen
Markgrafen darüber und führte deutsche Ansiedler
ein. Das Gleiche that er mit den slawischen Dale-
minziern an der Elbe im heutigen Königreiche Sachsen,
deren Markgrafen er aber nicht nach ihrer alten
Hauptstadt Grona, sondern in die neue, von ihm erst
erbaute feste Burg Meissen setzte, nachdem er auch
die Böhmen wieder zur Anerkennung seiner Ober-
lehensherrschaft gezwungen hatte. An der unteren
Elbe gründete er nach der furchtbaren Niederlage
der Redarier bei Lenzen (mittewegs zwischen Witten-
berge und Dömitz) diesseits der Elbe die dritte Mark

und endlich jenseits der Eider die vierte, die sogenannte Mark Schleswig, und hierhin wie dorthin sandte
er deutsche Krieger und Ansiedler. Kaiser Otto der
Erste stiftete dann die Bistümer Havelberg und Brandenburg, um auch durch das Christentum zu germani-
sieren, aber sowohl Religion wie deutsche Sprache
breiteten sich in anderthalb Jahrhunderten kaum
merklich unter den heidnischen Wenden aus. Rascher
geschah dies wieder unter Albrecht dem Bären, Grafen
von Askanien. Helmold (Chronic. Slavorum) be-
schuldigt diesen sogar, die Überreste der durch ihn
aufgeriebenen Slawen aus ihren Städten und Dörfern
vertrieben zu haben, um destomehr Sachsen und Nieder-
länder dort ansiedeln zu können. Die Schnelligkeit,
womit das Slawische in seinen Landen jenseits der
Elbe verschwand, ist allerdings wunderbar, da um
Leipzig noch im 14. und in der Altmark diesseits der
Elbe noch im vorigen Jahrhundert das Wendische
gesprochen wurde, ja bei Dannenberg und Hitzacker
unweit Lüneburg erst in diesem Jahrhundert erloschen
ist, während am Ende des 12. Jahrhunderts in den
zu Brandenburg gehörigen Marken schon meist Deutsch
gesprochen worden zu sein scheint.

Fast gleichzeitig mit Albrecht dem Bären, nämlich seit 1154, germanisierte Heinrich der Löwe als
Herzog von Sachsen in Wagrien (Ostholstein) und
Mecklenburg, namentlich durch die Gründung des so
grossartig sich entwickelnden Lübecks und dreier Bistümer zu Ratzeburg, Mecklenburg und Aldenburg,
von welchen die beiden letzteren später nach
Schwerin und Lübeck verlegt wurden; freilich ver-
fuhr auch er dabei mit grosser Härte, denn wer

sich nicht zum Christentume bekehrte, musste das Land verlassen.

Die Bewohner Vorpommerns waren schon 1123 durch den milden Bischof Otto von Bamberg freiwillig Christen geworden; seitdem begünstigten ihre heimischen Fürsten deutsche Niederlassungen im ganzen Lande, ja, einer derselben, Pritzlaf, schrieb in unserer Sprache schöne Minnelieder, die noch jetzt unseren Tonsetzern willkommene Texte sind. Hinterpommern östlich von Köslin gelangte 1306 in den Besitz des Markgrafen Waldemar von Brandenburg. Der östlichste Teil desselben, das sogenannte Pomerellen, ist jedoch heute noch nicht völlig deutsch; trotz der seit der Einverleibung in den preussischen Staat immer häufiger werdenden Einwanderung Deutscher in diese Gegend findet man östlich von Bütow und Pommerisch - Lauenburg doch noch die kassubische Mundart der polnischen Sprache.

In Niederschlesien begann die Verdeutschung etwas später als in den nördlichen eben besprochenen Gegenden durch den Herzog Boleslaw († 1201), der mit einer deutschen Gräfin vermählt war und viele deutsche Ansiedler ins Land zog; da seine Nachfolger dies System fortsetzten, so war es 1352 schon möglich, das Deutsche zur amtlichen Sprache zu erheben. Dieser Hergang vollzog sich ohne Zweifel so rasch, weil die zur Zeit der Völkerwanderung vor den Slawen in die Gebirge geflüchtete deutsche Urbevölkerung allmählich wieder in die Ebene hinabstieg und nun mit den von Westen hinzukommenden deutschen Einwanderern zahlreicher wurde als die slawischen Eindringlinge, die damals zu diesem Herzogtume gehörten.

In Oberschlesien überwiegt das Polnische von etwas oberhalb des Einflusses der Glatzer Neisse in die Oder auf beiden Seiten dieses Flusses, obgleich an ihrer Quelle sowie in allen Städten und grösseren Flecken Deutsch gesprochen wird.

Ein erst in unserem Jahrhundert durch einen schmalen Streifen von deutschen Ansiedelungen mit dem Hauptlande unseres Volkstumes in unmittelbaren Zusammenhang gebrachtes Gebiet unserer Sprache liegt an der Küste der Ostsee von den Weichselmündungen bis zum Kurischen Haffe. Dasselbe ist 10 bis 15 deutsche Meilen breit und macht etwa die Hälfte der beiden Provinzen Westpreussen und Ostpreussen aus. Es ist auf den drei Landseiten von Kassubisch, Polnisch und Lettisch redenden Nachbaren umgeben, unter denen sich so viele Deutsche befinden, dass deren Sprache in nicht gar langer Zeit diese der Kultur hinderlichen slawischen Mundarten beseitigen kann.

Die erste Niederlassung unserer Landsleute in diesen Gegenden veranlasste der Hochmeister des Deutschen Ordens Hermann von Salza, der 1210 von Kulm aus den Landmeister Balk an die Weichsel sandte; dieser erbaute dort für seine kleine Schar zuerst eine Burg und gründete von da aus Thorn. Mit Hilfe der benachbarten christlichen Fürsten von Pommern und Meissen und des Burggrafen von Magdeburg wurden die ansässigen feindlichen Bewohner so gründlich geschlagen, dass Deutsche sich in dem besiegten Lande anzusiedeln wagten und bald zur Gründung von Elbing schritten. 1239 vereinigten sich der Herzog Otto von Braunschweig und der Landgraf Konrad von Thüringen mit ihm und halfen ihm Warmien oder Ermeland, Natangen und Barterland, drei südlich von Königsberg zwischen Pregel und Frischem Haffe liegende Gaue, gewinnen. 1250 legte man Memel am Kurischen Haffe und 1255 Königsberg an, wohin die Ansiedler durch die Hansa zu Schiffe gebracht werden mussten, weil es zu Lande durch Polen verhindert worden wäre. 1336 wurde die Bayerburg durch Heinrich von Bayern erbaut; Danzig, die alte Godiscanzia der Goten, war schon im Jahr 1300 eine mächtige, ganz von Deutschen bevölkerte Stadt, 1274 war Marienburg gegründet worden, und obgleich Hunderttausende von Deutschen in den unaufhörlichen, von beiden Seiten mit der grössten Erbitterung geführten und auf Vernichtung des Gegners gerichteten Kriegen den Tod fanden, so ist doch diese grosse Sprachinsel ein Hort deutschen Wesens und deutscher Kraft geblieben, die Provinz des preussischen Staates, der er vor allen anderen seine Wiedergeburt im Jahre 1813 verdankt.

In der Provinz Posen, welche durch die zweite Teilung Polens an Preussen kam, ist der West-, Nord- und Südrand völlig deutsch und sind es die grösseren Städte alle überwiegend, im Osten und der Mitte der Provinz aber herrscht das Polnische vor.

Österreichisch-Schlesien, die nördliche Abdachung der Sudeten, ist in seiner westlichen Hälfte rein deutsch, hat aber in der östlichen nur einige deutsche Sprachinseln, wie Troppau, Teschen, Bilitz, Biala, Auschwitz und andere.

In Mähren sind der Nordrand, (d. h. der Südabhang der Sudeten) und der Südrand, das Thayathal, ganz deutsch, dann drei grössere Gruppen auf den Höhen, welche diese Provinz von Böhmen trennen, und an den Flüssen die Sprachinseln von Brünn, Olmütz und einigen anderen Orten.

Böhmens Gebirge sind ringsum deutsch, Böhmer Wald, Erzgebirge, Lausitzer und Riesengebirge, zumal das Thal der Eger, Prag und Budweis haben zahlreiche deutsche Bewohner, drei Fünftel des Landes aber sind tschechisch, obgleich jeder Gebildete Deutsch versteht.

Die Südgrenze.

Das niederösterreichische Deutsch reicht bis nach Pressburg im ungarischen Staate und bis nach Radkersburg an der Mur in Steiermark, von da beginnt die Südgrenze des deutschen Sprachgebietes. Diese läuft jetzt über Völkermarkt, Klagenfurt nach Tarvis, von dort auf dem Rücken der Karnischen Alpen mit zwei kleinen Vorsprüngen jenseits derselben bis zur Quelle der Drau, weiter nach Salurn an der Etsch, über die Wasserscheide zwischen Nosbach (Noce) und Etsch zur Schweizergrenze, weiter westlich über Chur in Graubünden zum Gotthard, Griesgletscher, Bosco im Tessin, Staffelwald und Saaleck im Pommatter-Thale zum Monte Rosa, die südlichen und östlichen Thäler desselben ebenso in sich begreifend wie die nördlichen. Am Matterhorn beginnt die Westgrenze.

Merkwürdig ist es, dass auf dieser ganzen Linie, soweit sie im österreichischen Staate liegt, kein Vorschieben der deutschen Sprachgrenze nach irgendeiner Seite stattgefunden hat ausser demjenigen im Donauthale von der Enns bis an die Leitha, wodurch

Wien auf deutschen Boden kam. Dieser Vorgang
fällt in die Zeit, welche den Siegen Kaiser Heinrichs
des Ersten und Ottos des Ersten folgte. Jedem treuen
Vaterlandsfreunde giebt dieser Umstand viel zu
denken. Seit der Zeit Rudolfs von Habsburg hatte
keiner der Herrscher in österreichischen Landen etwas
für die Ausbreitung des Deutschtumes gethan; Kaiser
Joseph der Zweite war der erste, der dieselbe wieder
aufnahm, aber leider in zu ungestümer Weise.

Die Bewegung der Südgrenze des Deutschtumes
von der Zeit der Völkerwanderung bis heute ist viel
weniger klar wie die der Ostgrenze. Es ist schon im
allgemeinen geschildert worden, wie Burgunder und
Alemannen zwischen dem Bodensee und Basel in Helvetien und Bajuwaren, d. h. Markomannen und Quaden,
über die Donau ins Alpenland brachen, während Goten
und nach ihrem Untergange Longobarden aus Pannonien, dem heutigen Ungarn, kamen und sich des
italischen Landes südlich der Alpen bemächtigten.
Wie weit nun damals die deutsche Sprache hier un-
unterbrochen reichte, ist schwer zu bestimmen; jedenfalls hat es aber zur Zeit der Gotenherrschaft weit-
hin nach Süden Sprachinseln gegeben, da, wie aus
den Unterschriften einer in Neapel gefundenen Urkunde
hervorgeht, dort Goten und Italiener getrennte
Gerichte hatten, und Gerichte nur für grössere
Menschengruppen gegründet werden; auch alle bis jetzt
aufgefundenen Überreste der Gotensprache stammen
aus Italien, was doch wohl deren zeitweiligen
Gebrauch in einzelnen Gegenden der Halbinsel verbürgt. Von den anderen Germanenstämmen, die
hier kämpften oder durchzogen oder blieben, mögen

sich Gruppen an einzelnen Punkten niedergelassen und ihre Sprache noch längere Zeit inmitten der wälschen oder slawischen Bevölkerung bewahrt haben. Das alles lässt sich als gewiss annehmen; aber wo es der Fall gewesen sei, das können wir nicht beweisen, da uns zu wenig geschichtlich Sicheres darüber zu Gebote steht; wir können es nur höchst wahrscheinlich machen durch die aus dem Deutschen einzig und allein ableitbaren Ortsnamen, durch die leibliche Erscheinung der noch lebenden Bewohner und durch die Schädelbildung der Toten und bis auf das Knochengerüst Vermoderten. Dr. med. Tappeiner in Meran schliesst aus 4935 Schädel- und 3385 Kopfmessungen, dass Germanen im Fleimsthale, in Valsugana, Nonsberg, Sulzberg, Judicarien, im Etschthale unterhalb Mezzolombardo, also ausserhalb der gegenwärtigen Sprachgrenze, nicht nur begraben sind, sondern auch noch leben, obwohl sie die Sprache der Ahnen nicht mehr sprechen. Mit Hilfe der Namen und einzelner geschichtlicher Daten lässt sich als wahrscheinlich hinstellen, dass das Ostende der Südgrenze unserer Sprache einst nicht wie jetzt bei Radkersburg lag. Die Geschichte berichtet uns, dass, nachdem Karl der Grosse im Jahre 800 Krain zu einer Mark des Reiches gemacht und der Bischof Vergilius von Salzburg die dort ansässigen Slowenen friedlich bekehrt hatte, der Markgraf Gero deutsche Ansiedler dorthin geführt habe; ja, in Kärnten ward schon damals die Herzogswahl mit Formeln in deutscher Sprache vollzogen.

Nun finden wir, dass im heute slowenischen Süden Steiermarks auf 10 echt deutsche Namen der Städte

und Flecken kaum ein slowenischer kommt, in Krain
nördlich des Karstgebirges auf zehn 3 bis 4 und erst
südlich desselben dies Verhältnis aufhört. In ganz
Kärnten giebt es kaum drei Ortschaften von Bedeutung mit slawischen Namen. Wir dürfen hieraus
folgern, dass einst diese Landschaften fast ganz deutsch
waren, und dass erst im Küstenlande jenseits des
Karsts und südlich von Heiligenkreuz und Görz und
des Wipbaches eine andere Sprache begann. Die
Slowenen werden sich vor der Wut der jahrhunderte-
lang sie mit Mord und Brand so oft heimsuchenden
und schrecklich dort hausenden Magyaren und später
der Türken hieher geflüchtet, das von diesen ent-
völkerte Land sich angeeignet und von den Dörfern
dann nach und nach sich auch in die Städte eingedrängt haben, so dass sie jetzt die überwiegende
Bevölkerung bilden. Hier wäre also seit der Zeit
Karls des Grossen und des Markgrafen Gero ein Rück-
gang des Deutschtumes anzunehmen.

Am Südabhange der Karnischen Alpen, der im
Jahre 1404 das Eigentum der Republik Venedig wurde
und es bis 1797 blieb, in den Thälern und auf den
Höhen, welche ihre Gewässer zum Tagliamento (Tilamentus) und der Piave (Plavis) senden, stehen seit
1866 wieder unter italienischer Botmässigkeit drei
Gruppen rein deutscher Bevölkerung. Aus Orts-
und Bergnamen rings um diese Gaue ist es ersichtlich,
dass ihre Ausdehnung früher grösser war. Ja, weit
in die Ebene hinein haben selbst grössere Städte neben
ihren italienischen auch deutsche Namen, welche keine
Übersetzungen oder Entstellungen der ersteren sind,
z. B. Peuselsdorf für Venzone, Schönfeld für Tolmezzo,

Kranewitt für Dosoledo und andere. Doch sind diese Namen nicht so zahlreich wie in Krain. Dennoch halten wir es für wahrscheinlich, dass zwischen dem Kreuzbergpasse unweit der Drauquelle und dem Plöckenpasse oberhalb Mauthens bis hinab nach Tolmezzo am Tagliamento das deutsche Volkstum das überwiegende, wenn nicht das einzige war, denn in allen Thälern giebt es fast nur blondhaarige, blauäugige Menschen. Also ist auch hier an der Abnahme des Deutschtumes nicht zu zweifeln.

Gehen wir nun weiter westlich, so kommen wir zu den Landstrichen, die, zwischen Brenta und Gardasee liegend, die Westhälfte der Mark Verona (später Treviso) bildeten und hauptsächlich das heutige Tirol und dessen südliche Nachbarschaft in sich begreifen. Über die sprachlichen und Volkstumsverhältnisse dieser Gegenden giebt es viele sorgfältige Untersuchungen von deutschen und italienischen Gelehrten, die auch von Seiten der letzteren bis 1848 fast ganz unparteiisch waren, jetzt aber, weil meistens von alles Land bis an den Brenner zur Italia irredenta rechnenden Italianissimis ausgehend, ganz wertlos und unzuverlässig werden. Nach diesen steht es beinahe unumstösslich fest, dass einst in Südtirol und dem Venezianischen zwischen Etsch und Brenta überall bis an den Bergfuss, ja, bis an die Thore von Vicenza und Verona, wenn nicht in diesen Städten selbst oder gar darüber hinaus, fast nur Deutsch gesprochen wurde, und man von Bozen dorthin gehen konnte, ohne ein Wort Italienisch zu hören oder sprechen zu müssen. Unzweifelhafte Thatsachen sind:

1. Dass die beiden Bezirke der sieben Gemeinden

nördlich von Vicenza und der dreizehn Gemeinden
nördlich von Verona ursprünglich nur von Deutschen
bewohnt wurden;

2. dass die Kirchen in denselben alle von Süden
aus gegründet wurden, dass mithin auch die in denselben Betenden von daher gekommen sein müssen,
woraus folgt, dass die Gemeinden, in denen die Mutter-
kirchen lagen, auch deutsch gewesen sind;

3. dass das älteste Stadtgesetz von Trient im 14.
Jahrhundert in deutscher Sprache verfasst war und
erst 150 Jahre später aus derselben übersetzt wurde;

4. dass zur Zeit des Trientiner Konzils 1542
bis 1564 die Zahl der Deutschen dort den Nicht-
deutschen auffiel;

5. dass Flur- und Menschennamen jetzt italienischer Gegenden meist deutsch waren und erst später
durch andere ersetzt wurden, in deren italienischer
Verdrehung man zum Teil noch jetzt die deutsche
Urform erkennt;

6. dass die alten lateinischen Namen der Haupt-
gewässer verändert worden sind, denn der Gardasee
(Gartensee), das Bächili (Bacchiglione), die Brenta
(der Brändefluss) hiessen früher nicht so, sondern
Lacus Benacus, Medoacus minor und Medoacus major;

7. dass die Geistlichen fast aller Gemeinden, die
zwischen den sieben und dreizehn Gemeinden liegen,
bis zu den Montibus Bericis Jahrhunderte hindurch
immer Deutsche waren;

8. dass in diesen Bezirken gewisse Ortschaften
noch jetzt Gotici (gotische) genannt werden;

9. dass in den auf Roveredo (Rovereit) von Osten
und Südosten her mündenden Thälern (Leimthal und

Brandthal, Valle die Terragnuola und Val Arsa), wo
noch deutsche Familiennamen überwiegen, die deutsche
Sprache erst im vorigen Jahrhundert durch einen
italienischen Priester ausgerottet wurde, der keinem
Deutsch-Beichtenden Absolution erteilte.

Wir müssen also wohl den Ausspruch Eggers in
seiner „Geschichte von Tirol" zu dem unsrigen machen:
In ganz Tirol, mit Ausnahme des Grödner Thales,
Ennebergs, Ampezzos östlich sowie Judicariens westlich der Etsch, bildeten die Germanen am Beginne
des 7. Jahrhunderts den herrschenden Teil der Bevölkerung, und wir dürfen hinzufügen, auch die Mehrzahl derselben; ebenso war es nördlich von Vicenza
und Verona. Man kann wohl, sagt Hans Leck, mit
Recht annehmen, dass die sich während der Völkerwanderung dort ansiedelnden Deutschen zuerst die
öden, aber fruchtbaren Thäler wählten. Später jedoch, als die Bevölkerung sich mehrte, zogen sie nach
und nach in die Gebirge, dahin, wo sie Gras fanden,
brannten auch wohl, wo der Boden nicht steinig war,
den Wald nieder, um Äcker und Wiesen anzulegen.
Im ganzen Flussgebiete der Etsch hat demnach unsere
Sprache viel Boden verloren, und zwar sowohl unter
seinen deutschen Herren wie unter den italienischen,
oder eigentlich noch mehr unter den ersteren, denn
die Republik Venedig sorgte stets dafür, dass die
sieben Gemeinden deutsche Pfarrer bekamen. Seit
dem Anfange unseres Jahrhunderts sind Deutsch-Metz
(Mezzo Tedesco) und Eichholz an der Etsch verloren.
In Tirol leben südlich des Brenners 240 000 Deutsche
und 360 000 Wälsche (Italienisch oder Ladinisch
sprechende), und ohne die Nachlässigkeit der deutschen

Verwaltung seit Jahrhunderten würden dort wahrscheinlich jetzt höchstens 150 000 Wälsch und 450 000
noch Deutsch reden. (Tirol hatte im Jahre 1890
[ohne Vorarlberg] 437 332 deutsche, 359 141 wälsche,
im ganzen 798 052 Einwohner.)

Weiter gegen Westen kommen wir zum westlichen
Teile des Etschgebietes, in dem jetzt nur noch der
oberste Teil des eigentlichen Etschthales, der Vintsch-
gau, ganz deutsch ist, und im Nonsberger Thale
wenige Dörfer. Obgleich auch hier Spuren von
früherem Deutschtume sich finden, so sind sie doch
vereinzelt, und wir dürfen glauben, dass daselbst die
Sprachgrenzen seit der Völkerwanderung ziemlich unverändert geblieben sind.

Wir gelangen nun zu dem Teile der Südgrenze
des Deutschtumes, welcher in der Schweiz oder im
Königreiche Italien zunächst dem Lande der Eid-
genossenschaft liegt. Da finden wir zuerst in Graubünden einigen Trost für die traurigen Wahrnehmungen,
welche sich uns auf der 60 Meilen langen Strecke
vom Ungarlande bis zu der Quelle der Etsch boten.
Nach der Völkerwanderung war ganz Graubünden
noch romanisch. In der Hohenstaufenzeit siedelten
sich zuerst Deutsche im Rheinwalde am Hinterrheine
an, und obgleich im 15. Jahrhundert in Chur und
von dort bis zur Nordgrenze des Kantons, dem Prätti-
gau, selbst in Sargans nur Romanisch gesprochen
wurde, hört man in jener Gegend jetzt das reinste Schrift-
deutsch der ganzen Schweiz. Von Chur steigt die Kenntnis und der überwiegende Gebrauch der deutschen
Sprache immer weiter den Rhein aufwärts und wird
sicher den Gotthard erreichen; sogar im Innthale, d. h.

im Engadin, verbreitet sie sich da, wo die über den Julier- und Albulapass kommenden deutschen Sommergäste ihren Aufenthalt nehmen, also in St. Moritz, Samaden und Pontresina. Ja, in Poschiavo giebt es Familien, die, obgleich wälschnamig, vorzügliches Deutsch sprechen und die Gesinnungen der deutschen Schweizer Italien und Italienern gegenüber völlig teilen.

Nicht so Erfreuliches lässt sich von den Geschicken unserer Sprache westlich des Tessinflusses berichten. Der Kanton, der nach diesem schönen Gewässer heisst, besteht im ganzen eigentlich aus zwei Flussgebieten, dem des Tessins und dem des Mayenthales (Valle di Maggia, Vallis Madiae). Müssen wir das erstere auch für ein seit den römischen Zeiten immer überwiegend wälsch gebliebenes in Sprache und Körperbildung seiner Bewohner erklären, so trägt letztere im Valle di Maggia doch ein so überwiegend deutsches Gepräge, dass wir wohl zu behaupten wagen, es sei dort auch einmal die deutsche Sprache die herrschende gewesen. Besonders bestärken uns in diesem Glauben deutsche Lautgesetze in der Mundart dieses Thales, die wir sonst in keiner neulateinischen so klar hervortretend gefunden haben. Aber nur eins der Nebenthäler hat die Sprache der Ahnen bewahrt, das von Bosco.

Westlich von diesem wohnt noch eine Gruppe dem Könige von Italien gehorchender, früher unabhängiger Stammesbrüder von uns in dem sogenannten Pommater - Thale an der tosenden Tosa (Valle di Formazza, il Tocc), deren weithinschallendes Gebrause von ihrem ungeheuren Wasserfalle am oberen Ende des Thales bis dahin nicht aufhört, wo unterhalb

Staffelwald jetzt die italienische Sprache allein verstanden und geredet wird. Mancherlei deutet an,
dass die unsrige früher dort noch weiter abwärts ge-
golten hat, vor allen Dingen der Umstand, dass nahe
dem Ausflusse der Tosa in den Lago Maggiore
(Langensee) ein an kleinen Thälern reicher Gebirgs-
kessel sich öffnet, wo Ornavasso (Vorn am Wasser)
liegt, in welchem alle Ortschaften leicht in der italienischen Verderbung erkennbare Namen tragen und
der höchste Gipfel auf italienischen Generalstabskarten
noch das Eyehorn heisst. Wir vermuten, dass im ganzen
Tosagebiete bis hieher einst das Deutsche, wenigstens
in zahlreichen Sprachinseln, waltete. Es ist also auch
hier nach kurzer Dauer vieles wieder ausgestorben.
Um die Mitte des 13. Jahrhunderts hiess das ganze
Tosathal das Eschenthal, und so heisst es auch noch
heute bei den Deutschen.

Es erübrigt nun noch, von den Deutschen in den
südlichen und östlichen Monte Rosa-Thälern zu
sprechen. Südlich des Monte Rosa, wo die Deutschen
gegen Westen die Franzosen zu Nachbarn haben,
heisst in deren heutigem Sprachgebiete ein unweit
der Ortschaft Ayas im gleichnamigen Thale gelegener
Bezirk Canton des Allemands, wo deutsche Geschlechts-
namen sowie deutsche Flur- und Weilernamen vorkommen, ja, sogar deutsche Urkunden vorhanden sein
sollen. Am weitesten reicht die Sprache der piemon-
tesischen Monte Rosa-Deutschen im Lys- oder Leesa-
oder Lesiathale südwärts, im Sesiathale hört sie schon
unterhalb Rivas auf an der Sermenza, noch weiter
östlich gar schon unterhalb Rimas, und Rimella, an
einem Zuflusse der Sesia gelegen, ist rings von

Italienern umgeben. Ob früher hier ein Zusammenhang mit dem Hauptgebiete unserer Sprache über das Bänel (Bagnio), d. h. mit dem Anzascathale, sei es aufwärts bis nach Macugnaga oder abwärts nach Ornavasso, bestanden hat, darüber sind noch keine Untersuchungen angestellt worden. Wir selbst wurden seinerzeit durch den Quarantäne-Zwang verhindert, diese Gegenden zu besuchen, glauben aber, dass auch hier unsere Sprache Boden verloren hat.

Die Westgrenze.

An der Westgrenze des deutschen Sprachgebietes sehen wir seit der Völkerwanderung gerade wie an der Südgrenze desselben zuerst ein Vorrücken mit unwiderstehlicher Gewalt und dann wieder an sehr vielen Stellen ein langsames Zurückweichen in der Zeit, als Deutschland in sich zerrüttet und nach aussen infolgedessen ohnmächtig war.

Versetzen wir uns des besseren Überblicks halber noch einmal in den Anfang des 4. Jahrhunderts zurück, als von 310—314 Trier die Residenz der Kaiser Maximian und Konstantin war, die römische Staatsgrenze vom Monte Rosa und St. Gotthard über den Bodensee zur Kocherquelle, über den Taunus am rechten Ufer des Rheines bis zu dessen Mündung oder vielmehr bis zum Lacus Flevo (der heutigen Zuydersee) reichte, wo also das ganze Neckarthal, das obere Rheinthal bis Bingen, das Mainthal bis Aschaffenburg aufwärts schon von Deutschland losgerissen waren. In ganz Baden, Württemberg und Rheinhessen hausten damals römische Beamten, längs des Rheines und in den Thälern seiner westlichen Neben-

flüsse waren aus römischen Ansiedlungen stolze Städte
entstanden, und an allen für die Kriegführung wich-
tigen Punkten erhoben sich Festungen als Stand-
quartiere von römischen Legionen. Wo jetzt im Waadt-
lande das kleine Wiflisburg (Avenches) liegt, da
prangte Aventicum als Hauptstadt des durch und
durch latinisierten Helvetiens, und die Klage einer
Tochter des Landes, der Julia Alpinula, um den hin-
gerichteten Vater klingt noch mit römischen Worten
aus ihrem Grabe. Und zu welcher Bedeutung waren
Colonia Trajana, Colonia Agrippina, vor allem aber
Augusta Trevirorum, Vindelicorum, Rauracorum, Mo-
guntiacum, Confluentes und Argentoratum gelangt!
Sogar die Flussüberfahrten (Dortrecht, Utrecht,
Maastricht) waren römisch bezeichnet.

Wenn zur Zeit Konstantins noch nicht alles
Deutsche längs des Rheines auf beiden Seiten desselben verklungen war, so war es nahe daran, vom
Latein übertönt zu werden, hätte sich nicht das ganze
Germanentum erhoben und wäre über das Römerreich
hergestürzt, um es· zu zertrümmern. Da wurden alle
genannten Prachtstädte mehr oder weniger der Erde
gleich gemacht und den Gestorbenen keine Grabmäler
mehr mit lateinischen Inschriften errichtet; da drang
unsere Sprache bis an den Monte Rosa, ja bis an
den Montblanc vor, deutsche Burgunden füllten die
Westschweiz bis zum Neuenburger See, Alemannen die
Ostschweiz, das heutige Elsass bis zum Dubis (Doubs),
die Agri Decumates, kurz, das Land von den Vogesen bis an den Hadrians-Wall; mittelrheinische
Franken dehnten sich bis an die Thore von Metz
aus, und die niederrheinischen nebst zahlreichen Friesen

gingen an der Maas und längs des Meeresufers gegen
Südwesten vor. Das Land der Menapier und Moriner
ward ganz deutsch bis vor die Thore von Bononia
(Boulogne), aber das Land der Eburonen nur bis vor
die Thore von Lüttich, wenn sich auch so zahlreiche
Gruppen von Franken an der Somme (Sama), Seine
(Sequana) und Loire (Liger) festsetzten, dass sie
noch ein halbes Jahrtausend hindurch von Chlodwig
bis zu der Zeit der Karolinger hie und da ihre Sprache
beibehielten und dem ganzen Gallien ihren Namen
gaben.

Der von Cäsar durch die Ausrottung der Eburonen und ihrer Stammverwandten, Nervier und Segni,
in unser Sprachgebiet getriebene Keil romanisierter
Kelten besteht bis auf den heutigen Tag, wenn auch
in etwas verkleinert, als wallonisches Belgien.

Die Westgrenze des zusammenhängenden Deutschtumes kurz nach der Völkerwanderung, soweit wir bis
jetzt davon Kunde haben, bildete demnach eine Linie,
welche bald diesseits, bald jenseits sich sehr nahe an
den Städten Boulogne sur mer, Lüttich, Arlon, Metz,
Belfort, Freiburg im Üchtlande (öden Lande) hinzog
und auf der Westseite des Monte Rosa im Val de
Challant oder vielmehr Valle di Gressoney, d. i.
im Sesiathale, endigte. Davor lagen noch unzählige
Sprachinseln. Merkwürdig ist es, dass von diesen
nicht eine mehr besteht und sich auch auf deutschem
Boden keine französische befindet, da wir von den
Zufluchtsstätten, welche im 17. Jahrhundert verfolgte
Hugenotten bei uns fanden, absehen. Vereinzelte Nieder-
lassungen haben vor 14 Jahrhunderten in Savoyen
(Lorringe, Massonge, Maltringe, Topinge, Magland,

Boisinge), im südlichen Jura, in Lothringen, Belgien
und Nordfrankreich bestanden.

Seit der Völkerwanderung ist die Westgrenze
des zusammenhängenden deutschen Sprachgebietes
wieder zurückgewichen, aber doch nur um weniges.
Am meisten wohl im französischen Departement du
Nord infolge des lange andauernden Lehnsverhältnisses
der Grafen von Flandern zu den französischen Königen;
letzteres bestand seit der Teilung zu Verdun im Jahre
843 bis zu dem Tage, an welchem die schöne Marie
von Burgund, die Erbtochter Karls des Kühnen, dem
ritterlichen Kaisersohne Max die Hand reichte und
ihm Flandern als Mitgift zubrachte (1478), also mehr
als sechs Jahrhunderte.

In Flandern war das Deutsche vielleicht schon
damals von den Thoren der Stadt Boulogne so weit
zurückgewichen wie jetzt, wo es eine Meile südlich
von Gravelingen (Gravelines) aufhört. Noch sprechen
im Departement du Nord der Republik Frankreich
180 000—190 000 Menschen auf 23 geographischen
Geviertmeilen Deutsch, d. h. Niederdeutsch oder
Vlämisch. Nach den fast ausschliesslich deutschen
Dorfnamen zu schliessen, hat südwestlich von ihnen
unsere Sprache etwa 50 Geviertmeilen ihres Gebietes
verloren. Ein Teil von Artois, der bis ins 16. Jahrhundert unter englischer Herrschaft stand, gehörte
auch noch dazu.

Wenn die Bewohner von Lille (vlämisch Ryssel)
und Tournay (vlämisch Doornick), um welche Städte
es von deutschen Dorfnamen wimmelt, je Deutsch
gesprochen haben, so thun sie es jetzt leider nicht
mehr. Werwick ist an der Leye (Lys), Helchingen

(Helchin) an der Schelde der südlichste niederdeutsche Ort. Zwischen der Dender und Senne ist die Stadt Edingen (Enghien) der Vorposten des Deutschtumes. Und obgleich Brüssel an der Senne ein kleines Paris zu sein scheint, so sprechen daselbst doch zwei Drittel der Bewohner unter sich Vlämisch, ja, auf dem Lande reicht diese Sprache noch mehrere Meilen weiter südlich an der Senne aufwärts. Der zwischen der Leye bei Werwick und der Maas bei Wise unterhalb Lüttichs französierten deutschnamigen Dörfer sind nicht viele, sie liegen aber alle an den Stellen, wo die Flüsse Belgiens aus dem Hügellande in die Ebene treten. In den früheren Sprachinseln auf dem jetzt belgischen Boden ist die Entdeutschung völlig gelungen.

Östlich von dem durch Cäsars Deutschenvertilgung entstandenen wallonischen Keile im Maasgebiete sind nur einzelne Dörfer, wie Deutsch-Meisch, Rösingen, Wissembach, Bodangen, Hallangen, diesem Lose verfallen, im Kreise Arlon wird luxemburgisches Hochdeutsch gesprochen.

Im Grossherzogtum Luxemburg giebt es wohl einzelne Ortschaften mit französischen Namen, aber nirgends ist Französisch die Haus- und Familien- oder Muttersprache.

Dass uns unter dem 200—300jährigen Drucke der französischen Herrschaft im Moselgebiete nicht viele Ortschaften sprachlich entfremdet sein sollten, lässt sich kaum erwarten, wenn es auch weniger sind, als man fürchten müsste. Der Anfang der Französierung begann 1630, als das bis dahin unter französischem Schutz gestandene Fürstbistum Metz nebst der ehemaligen deutschen Reichsstadt in ein fran-

zösisches Generalkapitanat verwandelt wurde. Als
nach manchen anderen Abtretungen deutscher Lande
beim Tode Stanislaus Leszinskis, des letzten Herzogs
von Lothringen, der letzte Rest dieser Deutschland
im Westen schützenden Hochburg in die Hände des
Erbfeindes überantwortet war, begann der Vertilgungs-
krieg gegen das Deutschtum der Bevölkerung seitens
der französischen Regierung. Bis dahin hatte die
nordöstliche Hälfte des Landes deutsche und die südöstliche französische Verwaltungssprache gehabt. Das
hörte nun auf; letztere galt allein noch, erstere wurde
seitdem geächtet. Der Erfolg ist der gewesen, dass im
ganzen deutschen Sprachgebiete Lothringens von 465
deutschen Gemeinden mit 300 000 (genauer 297 500)
Einwohnern 75 Gemeinden mit 33 000 Einwohnern, also
ein Neuntel der früheren deutschen Bevölkerung, der
Französierung im Jahre 1869 erlegen waren. Dem
Fortgange derselben hat der deutsch-französische Krieg
von 1870—71 und seine Folgen — hoffentlich auf
immer — ein Ende gemacht.

Die Gegend, wo die Entdeutschung am weitesten
vorgeschritten war, musste natürlich diejenige sein,
welche am frühesten von Deutschland losgerissen
worden war, nämlich das Bistum Metz. Hier hörte 1844
das Deutsche 5 Stunden nördlich von Metz bei dem Dorfe
Hückingen (französisch Ukange) schon auf, aber auf
dem westlichen Ufer der Mosel gab es damals und giebt
es jetzt bis nach Amelangen, zwei Stunden unterhalb
Metz, auch nicht einen französischen Dorfnamen; alle
endigen auf ingen oder angen. Auf dem östlichen
Ufer endigen sich fast alle auf y, was, wie aus
manchen Doppelbezeichnungen hervorgeht, auch eine

Verwälschung von ingen (z. B. Ibigny = Ibing) sein
kann. Pontigny zwischen den beiden Nieden heisst
in Peignes Ortslexikon Niedbrucken, Bionville Bingen-
dorf. Die Endung y ist auch bei den Dorfnamen im
Osten und Süden der alten Reichsstadt, deren Dom
die Asche Ludwigs des Frommen birgt, überwiegend.
Wie weit mag bei seinen Lebzeiten unsere Sprache
an der Mosel südwärts gereicht haben, als das ganze
obere Thal der Saar den Saarachgau, das der ganzen
Nied den Niddagau und südlich des letzteren das
Quellgebiet der Seille den Albegau bildete! Verloren
gegangen ist hier viel, doch lässt sich bis jetzt nicht
alles nachweisen, vielleicht nie. Gewiss ist, dass auch
längs der heutigen Sprachgrenze von Metz bis zum
Jura ein Streifen von der Breite der Feldmarken eines
oder zweier Dörfer entdeutscht ist. Der „Schwäbische
Merkur" berichtete sogar von einem seltsamen deutsch-
französischen Sprachgemenge in den Thälern der
südlichen Vogesen, das auf frühere Deutschheit der
Bewohner schliessen lässt. Aber es bleibt nach allem
nur eine traurige Gewissheit, dass auch im Westen
vom Kanale bis zur Schweizer Grenze unser Volkstum seit der Völkerwanderung manche Einbusse erlitten hat, selbst wenn wir von den Sprachinseln im
ehemaligen Gallien ganz absehen.

Nur auf einer kleinen Strecke sehen wir ein Vor-
dringen unserer Sprache sich vollziehen, und zwar in
unserer Zeit. Wunderbar genug geschieht dies in
einem uns politisch verloren gegangenen Stücke Deutschlands, in der kleinen Schweiz, wo durchaus kein Sprach-
zwang geübt wird. Seit der gänzlichen Vereinigung
des Kantons Neuenburg mit der Schweiz siedeln sich

nämlich viele deutsche Eidgenossen dort an, und hat
die Hälfte aller Gemeinden schon jetzt mehr als 10
derselben auf das Hundert zu Bewohnern, in manchen
Orten sogar 17. Noch stärkeres Wachstum des Deutsch-
tumes finden wir im bernerischen Jura, zumal im
Immerthale und im Münsterthale, wo in vielen Ortschaften die Deutschen ein Fünftel, ein Drittel, die
Hälfte, ja mehr als die Hälfte der Bevölkerung aus-
machen, wie im etwa drei Stunden nordwestlich vom
Bieler See gelegenen Dorfe Corgemont. In der Stadt
Freiburg im Üchtlande, wo jetzt nur noch ein Viertel
der Bewohner Deutsch spricht, war früher unsere
Sprache freilich stärker vertreten, aber im Kanton
Wallis schreitet sie ebenso vor wie im Kanton Bern,
immer den Rhone abwärts. Siders ist zu drei Vier-
teilen deutsch, ja, in Bramois (Bremis) überwiegen die
Deutschen auch, und in Sitten spricht fast schon die
Hälfte Deutsch.

Die Nordgrenze.

Von unserer Sprachgrenze im Norden ist wenig
zu sagen. Fast überall bildet sie das Südufer unserer
Meere von Dünkirchen bis Memel, die kleine Unterbrechung durch die Kassuben an und auf der Land-
zunge von Hela im Nordwesten der Danziger Bucht
und in Schleswig ausgenommen. An der erstgenannten
Stelle beweist die Herstellung des Zusammenhanges
der grossen Danzig-Königsberger Sprachinsel mit dem
Hauptgebiete unserer Sprache binnen 50 Jahren, dass
die Ausdehnung und Verbreitung derselben dort eine
stetige ist. Gehen wir in Schleswig bis auf die Völkerwanderung zurück, so haben wir die Stiftung der

4

Mark Schleswig durch Heinrich den Finkler, der sie mit Kriegern und Ansiedlern besetzte, als eine Ausdehnung des Deutschtumes anzusehen. Jetzt reicht das Deutsche weit nach Norden, da es in Flensburg noch vorherrscht und die Bewohner Angelns auch nicht Dänisch sprechen, sondern so wie wir, und selbst in Tondern, wo doch auch viele Dänen wohnen, die Bevölkerung nur deutsche Kirche und Schule von der Regierung verlangt hat. In Hadersleben und Christiansfeld, zunächst der dänischen Grenze, überwiegen die Deutschen noch, bilden also gewissermassen an diesen Orten Sprachinseln, aber immerhin zählt Schleswig-Holstein ·mit 1 217 737 Einwohnern im Jahre 1890 unter diesen nördlich von Flensburg und Tondern noch 150 000 Dänen.

Deutsche Sprachinseln.

Im Innern des so umgrenzten jetzigen deutschen Sprachgebietes giebt es nur noch eine slawische Sprachinsel der Lausitz, von welcher der nördliche Teil zu Preussen, der südliche zu Sachsen gehört, die von der Spree durchschnitten wird und an deren Rande die Orte Cottbus, Spremberg, Senftenberg, Kamenz, Löbau und Muskau, in deren Innern Peitz, Hoyerswerda, Wittichenau und Bautzen liegen. In der Altmark starb das Wendische erst im vorigen Jahrhundert aus, im hannoverschen Elblande wurde es bei Hitzacker und Dannenberg nördlich von Lüneburg noch im Anfange dieses Jahrhunderts gesprochen, ist aber jetzt an den letztgenannten Orten völlig verstummt, und die Hauptmasse der Wenden in der Lausitz, etwa 130 000, giebt an den Grenzen ihres Gebiets die eigene Sprache nach und nach auf und nimmt die unsrige an, wie es die meisten ihrer Stammesgenossen in jener früher überwiegend slawischen Gegend schon gethan haben. Wann die Slawen bei Fulda in Thüringen und Ostfranken, sowie auf dem Eichsfelde und bei Braunschweig aufgehört haben, Wendisch zu reden, darüber haben wir nichts auffinden können. Dagegen giebt es eine Menge, ja, hunderte deutscher Sprachinseln unter den benachbarten Völkern, merkwürdigerweise aber gar keine mehr auf der Westseite im französischen Sprachgebiete und ebensowenig eine französische in dem unsrigen. Im Süden liegen einige deutsche vom italienischen Volkstume umflutet und unzählige im Osten inmitten der Halbbarbaren unseres Erdteiles. Diejenigen im Süden liegen der Grenze des Hauptgebietes unserer Sprache alle sehr nahe, die im Osten grossenteils nahe, aber manche auch in sehr grosser Ferne, wie z. B. an der unteren Wolga und auf beiden Seiten des Kaukasus, also schon in Asien. Im preussischen Staate sind die Provinzen Ostpreussen und Westpreussen, Posen und Schlesien davon innerhalb der dortigen slawischen Stämme wie besäet. Die geringste Zahl hat Schlesien, nämlich 50, mit überwiegend deutscher Bevölkerung (die ganze Provinz zählt 3 375 000 Deutsche, 730 000 Polen, 56 000 Tschechen, 34 000 Wenden unter 4 224 458 Einwohnern), diejenige ungerechnet, wo diese sich in wenn auch noch so beträchtlicher Minderheit befindet. In Ostpreussen giebt es deren schon mehr, sowohl inmitten der Polen längs der Südgrenze als unter den Letten längs der Nordostgrenze, noch viel mehr in der Provinz Posen, wo die Deutschen 45 Prozent der Bevölkerung ausmachen, am meisten aber in der Provinz

Westpreussen, wo bei der Häufigkeit der kleineren
Sprachinseln dieselben schon eine Verbindung der
grossen nordöstlichen Sprachinsel von Danzig-Königs-
berg mit dem Hauptgebiete unserer Sprache herzu-
stellen beginnen, zumal längs des Meeres und zwischen
Tuchel, Conitz und dem ganzen deutschen Weichsel-
ufer unterhalb Brombergs.

Hier wollen wir gelegentlich erwähnen um des
deutschen Mitgefühls für die armen Polen, die ihren
Untergang ebensosehr durch ihre Uneinigkeit verdient
hatten, wie wir unsere jahrhundertelange Ohnmacht
aus demselben Grunde, dass in der Provinz Ostpreussen
auf im ganzen 1 958 663 Einwohner 1 300 000 Deutsche,
600 000 Polen und Littauer, eigentlich Preussen, in
Westpreussen auf 1 000 000 Deutsche 400 000 Polen
und Kassuben (im ganzen 1 433 681 Einwohner), in Posen
auf 820 000 Deutsche 930 000 Polen (im ganzen 1 751 642
Einwohner) kommen.

In Österreich haben Böhmen (wo 3 645 015 Tschechen und 2 158 788 Deutsche wohnen) und Mähren
(das neben 1 590 371 Slawen 663 962 Deutsche zählt)
zusammen 14 vereinzelte deutsche Bezirke, darunter
6 grössere Städte mit umliegenden Dörfern, nämlich
Budweis im Süden, Iglau und Zwittau auf der
Wasserscheide zwischen beiden Ländern, Olmütz (nebst
Kreis), die Landeshauptstadt Brünn (mit Kreis) und
Prag.

Im österreichischen Schlesien (wo 281 576 Deutsche,
178 099 Polen und 129 836 Tschechen wohnen) sowie
in Galizien (bewohnt von 227 600 Deutschen, 5827
Tschechen, 3 516 793 Polen, 2 831 946 Ruthenen)
und Bukowina (von 133 565 Deutschen, 23 604

Polen und 268 371 Ruthenen, 208 217 Rumänen und
8139 Magyaren bewohnt) liegen weit über 200
deutsche Ansiedelungen, meistens noch mit deutschen Namen, von denen Kaiser Joseph der Zweite
allein 186 gegründet hat. Die grössten Gruppen unserer
Zunge sind dort zu Bielitz, Lemberg, Tschernowitz (mit
deutscher Universität) und in der rumänischen Moldau
um Kimpolung.

In Transleithanien (Ungarn, Fiume samt Gebiet
Kroatien und Slawonien) giebt es neben und zwischen
7 426 730 Magyaren, 2 604 260 Kroaten und Serben,
94 679 Slowenen, 1 910 279 Slowaken, 383 392 Ruthenen, 2 591 905 Rumänen und, abgesehen von 230 576
Zigeunern, Griechen, Albanesen und Italienern, 2 107 577
Deutsche.

Mit Ausnahme der Hienzen von Pressburg als
nördlichstem Punkte bis zur Mur längs der Grenze
des cisleithanischen Österreichs, welche zum deutschen
Hauptsprachgebiete gehören, wohnen die Deutschen auf
vielen, oft sehr grossen Sprachinseln aus älterer Zeit,
wie die herrlichen, treuen Siebenbürger Sachsen am
Nord- und Westabhange des südlichen und östlichen
Hochgebirges in den Thälern der Alt, Kokel und
Bistritz (seit 1043), die Zipser (im 12. Jahrhundert
eingewandert) am Hohen Tatra, deren Hauptorte Käs-
mark, Leutschau und Schmörlitz sind, einst 24 Frei-
städte und 18 Flecken, sowie die Bürger der Berg-
städte Kremnitz, Schemnitz und Neusohl im ungarischen
Erzgebirge, zum Teile aus neuerer Zeit, wie eine
Gruppe bei Ofen, zwei auf dem Bakonywalde, drei
südlich des Kaposflusses, von denen die zwischen
Fünfkirchen und dem Donaustrome die bedeutendste

ist, mehrere südlich von Maria-Theresienstadt zwischen
Theiss und Donau, endlich die im Banate zwischen
Maros und Temes, die sogenannten Schwaben in und
um Temesvar.

Weiter von der Sprachgrenze kommen wir zu
den Niederlassungen von über 1 Million unserer
Stammesverwandten im russischen Staate. Die ältesten
sind die vom Schwert-, Kreuz- und Deutschen Orden
in Kurland, Livland und Esthland in Gemeinschaft
mit der Hansa gegründeten, bis vor die Thore von
Petersburg reichenden, in allen Städten mit deutschen
Bürgern und auf dem Lande in stolzen Schlössern
mit deutschen Edelleuten als Besitzern grosser Güter
zwischen lettischen und esthnischen Bauern. Die
von Bremen aus 1158 gegründete freie deutsche
Hansastadt Riga (mit eigener Kriegsflotte im 15.
und 16. Jahrhundert) und Dorpat sind noch jetzt
die herrlichsten Denkmäler des Deutschtumes dort,
das erstere als Mittel- und Schwerpunkt des Gross-
handels an der ganzen russischen Ostseeküste, das
letztere als diejenige der Wissenschaft mit seiner
bis jetzt (1892) noch deutschen Universität.

Die anderen Niederlassungen unserer Stammesverwandten in Russland haben erst in der Zeit nach
Peter dem Grossen stattgefunden. Die nördlichste,
seitdem Barbarenwut (1584 Iwan Wasiljewitsch) die
Stadt Nowgorod am Ilmensee zerstört hatte und
sämtliche dortigen Deutschen aufs grausamste ermordet
worden waren, ist Cholm an der Lowat, einem Zuflusse jenes Wasserbeckens.

Südlicher liegt an der Memel eine andere Niederlassung bei Kowno in Polen. Dieses ehemalige König-

reich hat so viele deutsche Sprachinseln, dass unter
über 8 Millionen Bewohnern auf russischem Gebiete
etwa 700 000 Deutsche und auf preussischem 300 000
Deutsche sind, die meisten auf der linken Seite der
Weichsel, also westlich derselben, wo unsere Sprache
sogar die des vierten Teiles der Bevölkerung ist. Die
grösste derselben im polnischen Sprachgebiete ist die
von Lodz mittewegs zwischen Warschau und Kalisch.

Die übrigen deutschen Ansiedelungen unter russischem Zepter liegen im Gebiete des Schwarzen und
Kaspischen Meeres, vier der ersteren westlich von
Kiew im Süden der Rokitno-Sümpfe und Urwälder Wol-
hyniens, wo der Elk noch haust, bei Wladin, Schitomir
und Luszk. In Bessarabien haben wir ausser um Odessa
auch Deutche zu Neu-Leipzig, Neu-Teplitz, Neu-Worms
und Neu-Landau in vier Gruppen unweit der Bug-
Mündung. Am Dnieper sind Jekaterinoslaw und Neuenburg deutsche Orte, und jenseits dieses Flusses, nicht
weit vom Asowschen Meere, Marienfeld, Halbstadt und
Neu-Darmstadt. Die Bewohner derselben, seit 1810
bis 1812 dahin ausgewandert, sind meist Bauern aus
Schwaben und so wohlhabend geworden, dass einige
unter ihnen Schafherden von 20 000 Stück besitzen.
1840 betrug die Zahl der Deutschen 25 000, jetzt
mehr als das Doppelte. Eine andere Gruppe Deutscher
hatte sich schon in den Jahren 1804 und 1805 auf
dem altgotischen Boden der Krim angesiedelt, meist
Württemberger, Elsässer und Schweizer. Sie haben
16 Ortschaften mit deutschen Namen gegründet, die
Schweizer ein Zürichthal, die anderen ein Neu-Heil-
bronn, ein zweites München und Stuttgart.

Die grössten deutschen Kolonieen finden wir aber

an der mittleren Wolga von Sarepta stromaufwärts bis
über Saratow hinaus, über 200 deutsche Meilen östlich von unserem Sprachgebiete an Memel und Per-
sante. Dort bebauen seit 1763—70, also seit mehr
als einem Jahrhunderte, von anfänglich 104 Plätzen
aus Württemberger, Hessen und Sachsen das Land
auf einer Fläche, die grösser ist als das Königreich
Sachsen, und gewinnen jetzt so ungeheure Massen
Weizens, dass dieselben auf die Getreidepreise im
übrigen Europa einen merklichen Einfluss ausüben.
Ja, noch weiter haben sich die gesittungbringenden
Deutschen in dieses Barbarenland hineingewagt. Am
Kubanflusse zwischen dem Schwarzen und Kaspischen
Meere, wohl 250 geographische Meilen von dem
nächsten Punkte unseres Sprachgebietes, giebt es sieben
Ortschaften nördlich des Kaukasus und 6 südlich
desselben bei Tiflis, aber am fernsten (400 bis 500
geographische Meilen) von uns wohnen sächsische
Bergleute in sieben russischen Dörfern Westsibiriens,
in den Jahren 1802, 1827 und 1833 dort eingewandert,
ja, sogar zu Omsk am Irtisch.

Vor 40 Jahren zählte man auf diesen Sprachinseln 235 000 Deutsche, heute beträgt ihre Zahl
ungefähr 500 000 ohne diejenigen in Polen und den
baltischen Provinzen Kurland, Livland, Esthland und
in den grossen Städten Petersburg und Moskau.
Richard Böckh berechnete im Jahre 1869 933 000
Deutsche im ganzen russischen Reiche, jetzt giebt es
dort über 1 Million unserer Stammverwandten.

Im Süden des deutschen Sprachgebietes zählen
wir als inselmässig nicht mehr auf: den von Albert
Schott so schön beschriebenen Bezirk am Ost- und

, Südabhange des Monte Rosa, weil ihn nicht anders-
redende Menschen, sondern nur grosse Eisfelder, 9000
bis 12000 Fuss hohe Pässe und noch höhere Berg-
gipfel von den Deutschen des Oberwallis in der Schweiz
trennen; ebensowenig die schon erwähnte Staffel der
Tosa im Bodenmatter (Pommatter) Thale (Valle Formazza), noch den durch zwei 7000 bis 8000 Fuss
hohe Pässe von dort aus erreichbaren Bergkessel des
4500 Fuss hoch liegenden Dorfes Bosco im Schweizer
Kantone Tessin, wohl aber dürfen wir Rimella mit
seinen Thälern und Alpen als eine Sprachinsel bezeichnen, wenn es den wälschen Geistlichen noch nicht
gelungen sein sollte, das Deutsche zu vertilgen.

In Graubünden, das seine Gewässer nach der
Nordsee, Adria und dem Schwarzen Meere sendet,
hört wenige Meilen oberhalb seiner Hauptstadt Chur
(Geburtsort des Dichters von Salis-Sewis) am Rheine
das Hauptgebiet der deutschen Sprache auf, obschon
sie dort schöner und reiner gesprochen wird wie in der
ganzen übrigen Schweiz, ja, selbst wie in den meisten
Gegenden des eigentlichen Deutschlands. Dann aber
beginnen an allen seinen oberen Wasseradern Sprachinseln, die kleinste am Vorderrheine, grössere am Glenner
oder Walser Rheine, am Hinter- und selbst noch am
Oberhaldensteiner Rheine, in welchen Gegenden Friedrich Barbarossa 1152—90 zur Sicherung des Splügen-
passes Schwaben ansiedelte. Nach und nach nahmen und
nehmen noch die zwischen ihnen zerstreut wohnenden
Räto-Romanen oder Ladiner deren Sprache an, und
so werden diese Inseln wohl bald mit dem Hauptgebiete und unter sich zusammenwachsen, da sie oft
nur durch die Feldmark eines Dorfes voneinander

getrennt sind, wie z. B. durch das Dorf Wälsch-Ems
am Rheine zwischen dem Churwaldener Gaue und den
deutschen Orten Fürstenau und Tamins hüben und
drüben. Zu Samaden, Pontresina, St. Moritz und
selbst Vils Maria lässt sich allgemach eine deutsche
Bevölkerung nieder, welche den wälschen Keil dereinst
beseitigen wird, welcher das östliche bündnerische
Rheingebiet vom westlichen trennt, ja, das oberste
Innthal mit dem rheinischen Hochlande verknüpfen
kann, zumal sobald die Räto-Romanen im Westen
von Chur, nur noch 12000 an Zahl, die Sprache der
Stammverwandten an der Albula und dem Oberhaldensteiner Rheine verlernt haben werden. Will man
jedoch genau sein und nur die 90 Prozent deutscher
Bewohner enthaltenden Gemeinden als Sprachinseln
gelten lassen, so zerfällt ihr Gebiet im Südwesten von
Chur in drei: Am Vorderrhein die uralte von Obersachsen, die grosse schwäbische von Ilanz aufwärts
bis zum Rheinwaldgletscher und Splügenpasse, den
Kreis Alvers am Septimerpasse. Von diesen entfernt
liegt im Engadin die Gruppe, deren Mittelpunkt die
Badeorte Schuls und Tarasp bilden.

Auf österreichischem Boden finden wir in Südtirol, südlich und westlich der Etsch, am Gampen-
passe einen Bezirk, der zwar nur durch die Höhen
vom deutschen oberen Etschthale oder Vintschgaue getrennt, aber durch die Abdachung zum Nonsthale so gefährdet ist wie eine Sprachinsel. Er besteht aus den Orten
Laurein, Proveis und Liebfrauen im Walde, deren
Bewohner sich rühmen, Sachsen zu sein, was man wegen
ihres zähen Festhaltens an der deutschen Sprache
gern glaubt.

Im Osten der Etsch giebt es unter habsburgischem
Zepter mehrere Sprachinseln: zuerst diejenige des
Fersenthales mit den Dörfern Eichleite (Roveda),
Gereut (Frassilongo), St. Franciscus oder Ausserberg,
St. Felix oder Mitterberg und Innerberg, Floruz oder
Fierozzo, von einigen Vierhof genannt, obgleich es
mehr als vier Höfe besitzt, ja, sogar zwei Kirchen
hat und ebenfalls in ein Ausser-, Mitter- und Inner-
berg zerfällt. Das nördlichste noch deutsche, ja, das
deutscheste Dorf des ganzen Fersenthales ist Palu
oder eigentlich Palei. Ganz verwälscht ist das rechte
Flussufer der Fersen, und fast entdeutscht sind am
Eingange des Thales Walzurg (Vignola), Verliesen
(Falesina) und Siebenach (Zevignago). Der Fersen-
bach — in Sommerdürre leicht durchwatbar — hat
durch seine Wassermasse zur Zeit der Schneeschmelzen
und nach Regengüssen furchtbar in das Leben seiner
Anwohner eingegriffen. Sein Wasser, dessen man
sich nicht entledigen konnte, vertrieb die Bergleute
aus den Silberbergwerken; die von ihm und seinen
wilden Zuflüssen herabgeschleuderten Felsblöcke füllten
die Thalsohle dergestalt, dass sie unbebaubar und
schwer durchschreitbar wurde, also die Bewohner der
rechten Seite von denen der linken trennte und sie
der Verwälschung preisgab. Durch eine unheimliche
Klamme bei Trient gelangt der tückische Wildling
in einem Sprunge auf den Thalboden der Etsch, in
die er sich unterhalb dieser Stadt ergiesst.

Die zweite deutsche Sprachinsel in Südtirol ist
St. Sebastian, ein Bruchteil der grossen, einst auch
ganz deutschen Gemeinde Vollgereute (Füllgreit,
Folgareit, ital. Folgaria) auf der oberen Staffel der

beiden Orten gemeinsamen grünen (d. h. gras-
reichen) Hochfläche, 4000 Fuss über dem Meere
zwischen den tiefen Schluchten der Hastach (Astico),
Laime, Golle und Zent, wo der tirolische, bei Calliano
mündende Rossbach entspringt, mit guter deutscher
Schule, aber ohne deutschen Gottesdienst.

Die dritte deutsche Sprachinsel Südtirols ist
Luserna (eigentlich Lasern nach den Bewohnern des
Lasberges genannt) über dem Rio Retorto und den
steilen Wänden der Hastach (Astico) in 4000 Fuss
Höhe, ein Dorf mit etwa 1000 Einwohnern und
deutscher Schule.

Nun kommen zunächst deutsche Sprachinseln im
italienischen Staatsgebiete: An die ebengenannte von
Südtirol sich anschliessend das Gebiet der sieben Gemeinden, im Westen von der Hastach, im Osten von
der Brenta, im Norden von dem Bergkamme, auf
welchem die österreichisch-italienischen Grenzpfähle
stehen, und im Süden durch eine Linie begrenzt, welche
sich von Pedescala an der Hastach bis Valstagna oder
Brenten an der Brenta zieht — so weit ist nämlich
unsere Sprache schon zurückgewichen, die früher zwei
bis fünf Wegstunden weiter südlich, meistens bis an
den fast durchweg ungewöhnlich steilen Rand der
Hochfläche, reichte, deren Bewohner unter vene-
zianischem Schutze einen kleinen, in seinem Deutschtume nie durch seiner Mundart etwa unkundige Geistliche behelligten Staat bildeten, aber seitdem unter
französischer und österreichischer Herrschaft immer
mehr verwälschten und, jetzt Italien einverleibt, für
uns wohl immer verloren sein werden.

Dasselbe Los teilen noch vier Gruppen anderer Deutscher, die seit 1866 Italien zugefallen sind. Zuerst der letzte Rest der 13 deutschen Veroneser Gemeinden, welche zwischen der Südspitze Tirols und der Stadt Verona in den oberen vier Thälern der südwärts zur Etsch eilenden Gebirgsbäche liegen, nämlich die Gemeinde Gliessen (Ghiazza) unfern der Quelle des Progno (Brunnenbachs), wo die letzten deutschen Laute schon im Verklingen sind.

Die drei übrigen Gruppen schliessen sich der österreichischen Grenze auf dem Kamme der Karnischen Alpen an und liegen südlich derselben, durch Steilheit der Berge, Fels und Wald, sowie durch Staatsinteressen von den nördlichen Brüdern getrennt.

Die erste Gruppe von diesen ist die, zu welcher man von den Quellen der Drau über den Kreuzberg, einen nur 4900 Fuss hohen Pass, sogar fahrend, gelangen kann, und welche an einem Nebenflusse der Piave (Plavis, Blaue), nämlich an dem vom fast 9000 Fuss hohen Weissenstein (Paralba) zwischen gewaltigen und phantastischen Bergspitzen herniederbrausenden Sesisbache, wohnen. Ihr Hauptort heisst italienisch Sappada, entstanden aus Zu Bladen, was die Deutschen jetzt in Bladen gekürzt haben. Die wohlhabenden · Bladener bringen selbst Opfer, um sich ihr Deutsch zu erhalten.

Südlich von Bladen liegt die zweite Gruppe der Friauler Deutschen, von der vorigen durch ein jetzt ganz verwälschtes, enges Thal, dessen grösster Ort Osais ist, getrennt. Diese heisst die Zahre (Sauris).

Nach einem mühseligen Marsche erreicht man, von Campolungo aus in 9 Stunden im **Friesenthale** (Val Frisone) emporsteigend, das obere Dorf (Sauris de Sopra) an der Morgenleite, östlich in etwa einer halben Stunde bis 3 Viertelstunden Weges das untere (Sauris de Sotto) und am tiefsten in dem Kessel des Hochthales Latteis. Ein 5—6stündiger Marsch über das denselben umschliessende Bergjoch lässt zum italienischen Ampezzo (auch Ampezzio di Carnia genannt, am besten als Ampezzo di Friuli [Ferlaner Petsch] zu bezeichnen) gelangen.

Die dritte und letzte deutsche Sprachinsel oder Halbinsel des Königreichs Italien im Quellgebiete des Tagliamento (Tilamentus) ist Tischelwang oder Timau, am Südostende des 4100 Fuss hohen Plökenpasses malerisch längs des Buttbaches vor 8000 bis 9000 Fuss hohen Bergspitzen gelegen; sie hat noch ziemlich verständliches Deutsch, obwohl dasselbe weder in Kirche noch Schule gepflegt wird.

Längs der Südgrenze des deutschen Sprachgebietes unter den Slowenen des österreichischen Staates liegen folgende Sprachinseln: In Steyermark Reifneg an der Drau, im Küstenlande Görz und ein Teil der Bürgerschaft von Triest, in Krain Deutsch-Ruth, Laibach und das treue Gottscheer Ländchen hart an der ungarischen Grenze im Norden der Kulpaquelle.

Somit wären alle deutschen Niederlassungen in Europa angegeben, in denen unsere Sprache noch nicht ganz ausgestorben ist, — die in der Sierra Morena, in Irland und Wales übergehen wir daher mit Fug und Recht.

Anfeindung der deutschen Sprache in unseren Tagen.

Aus dem Vorhergesagten erhellt, dass die West-grenze des deutschen Sprachgebietes sich nach der Völkerwanderung, wenn auch nicht viel, doch in etwas zu unserem Nachteile geändert hat, dass die Ostgrenze, welche vor derselben weit nach Osten lag und während derselben beträchtlich zurückgegangen war, wieder weit vorgerückt ist, und dass Millionen Deutscher wie Plänkler oder verlorene Posten sich in den Ländern der ma-gyarischen, rumänischen und slawischen Halbbarbaren befinden, dass aber dasselbe an der Südgrenze, welche während der Völkerwanderung von der Donau bis an die südlichsten Alpenkämme oder gar darüber hinaus bis an den Fuss derselben in die Po-Ebene vorgeschoben worden war, eine bedauerlich grosse Einbusse erlitten hat.

In dem Masse nun, als sich seit einem Menschen-alter unser Volk in praktischen Dingen mehr und mehr hervorthut, ist ein stiller Neid bei allen seinen Nachbarn rege geworden, der aber, seitdem $^4/_5$ des-selben, politisch, volkswirtschaftlich und militärisch geeinigt, die so gewonnene Kraft glorreich bewiesen haben, einem durch Furcht gesteigerten Hasse Platz machte, der sich zunächst gegen alle unserem Staats-wesen nicht angehörigen Deutschen wendet und da-durch äussert, dass man ihnen ihre Sprache zu rauben trachtet — ein Versuch, der, wenn er gelänge, unsere Zukunft aufs äusserste gefährdete, und den wir schon jetzt zu vereiteln bedacht sein müssen.

Wir haben, wie immer, Feinde ringsum und

müssen mit körperlichen Waffen stets zum Kampfe
bereit sein, mit den geistigen aber schon jetzt für die
Existenz alles dessen kämpfen, was deutsch ist, weil
wir uns so über $10^{1}/_{2}$ Millionen treuer Bundes-
genossen in allen wechselnden Schicksalsfällen erhalten
oder erwerben können.

Vergegenwärtigen wir uns nun einmal das Verhalten unserer Nachbarn gegen uns.

Das von uns Holland genannte Königreich der
Niederlande wird zwar fast ausschliesslich von Deutschen
reinsten Blutes bewohnt und hat seit Cäsars Zeiten
bis 1430 nach Christi Geburt, also anderthalb Jahrtausende, mit dem heutigen Belgien vereinigt, tapfer
gegen die Römer und später gegen die Franzosen ge-
fochten, ja, letzteres hat dann von 1478 bis 1550
wieder zu Deutschland gehört. Aber von Kaiser
Karl dem Fünften unsinnigerweise und widerrechtlich
seinem Sohne König Philipp dem Zweiten von Spanien
vererbt und von diesem unterdrückt, erhoben sich die
Niederlande gegen den spanischen Glaubenseiferer. Da
half ihnen Deutschland leider nicht. Aber sie halfen sich
selbst, wurden die ersten Seefahrer jener Zeit, unter-
schätzten jedoch in überstolzer Zuversicht auf eigene
Kraft den Wert ihrer Zugehörigkeit zu Deutschland
und trennten sich 1648, den französischen Ratschlägen
folgend, in ihrer Verblendung völlig von demselben. Obgleich nun Ludwig der Vierzehnte 1668 schon 12 Städte
(Doornik, Ryssel, Cortryk u. a.) von den spanischen
Niederlanden losgerissen, obgleich er 1672 auch das freie
Holland in Not gebracht hatte und ausplündern liess,
während der deutsche Kaiser Leopold der Erste und
der grosse Kurfürst Friedrich Wilhelm von Branden-

burg der Republik beistanden, obgleich ihr Österreich im Spanischen Erbfolgekriege den Prinzen Eugen zu Hilfe schickte, obgleich die Franzosen 1794 sich Maastrichts, Venloos und Vliessingens bemächtigten, sich ausserdem von Holland 100 Millionen Gulden zahlen liessen und seine besten Kunstwerke raubten, obgleich Napoleon der Erste nach der Einverleibung ihres Landes dessen Sprache unterdrückte und es durch seine vorübergehende Zugehörigkeit zu Frankreich alle seine Kolonieen und seinen Handel an England verlor, dagegen 1815 durch die deutsche Tapferkeit wieder ein unabhängiges Land wurde und seine besten Kolonieen zurückbekam und Belgien dazu, dies aber 1830 durch Frankreichs Einschreiten wieder verlor — also, obgleich alles dies geschehen ist, liebäugelt dies Volk doch mit Frankreich.

In Luxemburg, dessen wallonischer Teil im Jahre 1839 an Belgien kam, hat auch nicht ein Weiler andere als deutsche Bewohner. Die Absicht des Königs Wilhelms III. der Niederlande, 1867 das Land an Frankreich abzutreten, scheiterte an dem Widerspruche Preussens; 1890 ging Luxemburg als selbständiges (neutrales) Grossherzogtum an Herzog Adolf von Nassau über. Laut Verfassung steht es jedem Luxemburger frei, sich der deutschen oder französischen Sprache in allen Angelegenheiten zu bedienen. In sämtlichen Schulen gelten Deutsch und Französisch in gleichem Masse als Unterrichtssprache. Gesetze und Verordnungen erscheinen zweisprachig. Eine Folge davon ist, dass die höheren Stände im Umgange nur das Französische gebrauchen, die niederen aber von ihrer Muttersprache gering denken.

Belgien hat drei Sprachen. Von 6 147 041 Be-

wohnern sprechen 3 500 000 das vlämische Deutsch,
2 600 000 wallonisches Französisch und 20 000 luxemburgisches Hochdeutsch in der Stadt Arlon und einigen
zwanzig Dörfern in deren Nähe, das, wie in Lothringen
und dem Mosellande, eine geringe Beimischung von
Niederdeutsch hat. Dass jedoch in Schule und Kirche
sowie vor Gericht Hochdeutsch gesprochen werde, be-
zweifeln wir, denn in den vlämischen Bezirken gilt nur
die französiche Sprache als amtliche. Sollte man den
wenigen Hochdeutschen gegenüber rücksichtsvoller sein
als den die Mehrzahl der Bevölkerung bildenden Niederdeutschen? Wird doch das Heer nur französich ge-
drillt und die dasselbe nicht verstehenden Vlämen
von ihren Vorgesetzten verhöhnt und bêtes flamandes
geschimpft! Obschon nur $^1/_{15}$ der $3^1/_2$ Millionen
zählenden Vlämen Französisch versteht, müssen doch
alle ihr Recht in der fremden Sprache suchen! Die
1873 in die Verfassung aufgenommenen Bestimmungen
hinsichtlich der Berücksichtigung der vlämischen
Sprache bei Rechtsstreitigkeiten und diejenigen über den
Gebrauch des Niederländischen als Regierungssprache
vom Jahre 1878 sind in ihrem jetzigen, verschwindend
kleinen Masse so gut wie wertlos. Trotzdem die
grossen flandrischen Städte, aber weder Lüttich noch
Namur mit den Wallonen die Träger der hohen und
vielseitigen Kultur des Landes sind, werden die Vlämen
von den Wallonen beherrscht, denn sie bekommen bei
ihrer Unbehendigkeit in der französischen Sprache kein
Amt. Man hat im Lande keine einzige vlämische,
wohl aber vier französische Universitäten (Löwen, Gent,
Lüttich und Brüssel). Dies alles bereitet das Land
zur Einverleibung in Frankreich vor, und die Äusserung

eines vlämischen Abgeordneten: „La Belgique devient peu-à-peu une succursale de la France", dürfte der Wahrheit ziemlich nahekommen. Frankreich sucht im Sinne dieses Ausspruches durch von ihm in Belgien besoldete Zeitungsschreiber zu wirken. Die Vlämen suchen dagegen durch allerlei Mittel die Litteratur ihrer Muttersprache zu heben, in erster Reihe durch Vereine, die Preise für das beste vlämisch geschriebene Buch dieser oder jener Gattung aussetzen; die Regierung machte ihnen seither nur ein kleines Zugeständnis in der erweiterten Verwendung der niederländischen Sprache in den höheren Bürgerschulen, Athenäen und Gymnasien der vlämischen Provinzen. Aus den jetzigen Zuständen des Landes müssen wir folgern: nur ein entschiedenes Aufraffen des gesamten Vlämentumes, das in festem Zusammenschlusse aller seiner Bestandteile und unter möglichstem Streben nach allgemeinem Fortschritte, hauptsächlich auf dem Gebiete des Volksschulwesens, seinen Ausdruck finden müsste, dürfte ihm seine deutsche Eigenart bewahren.

Im eigentlichen Frankreich können jetzt Deutsche in deutschen Bezirken nicht mehr unterdrückt werden, weil es dank der Folgen des Krieges von 1870/71 keine überwiegend deutschen Orte mehr hat, denn selbst in Belfort und Mömpelgard werden die Elsässer jetzt wohl nur noch die Minderheit bilden.

In der Schweiz, die 2083097 deutsche, 634613 französische, 155130 italienische und 38357 rätoromanische Bewohner hat und eigentlich fünfsprachig ist (Südfranzösisch, Nordfranzösisch, Deutsch, Italienisch und Ladinisch oder Räto-Romanisch), gelten die drei Sprachen, welche Litteraturen haben, im amt-

lichen Verkehre völlig gleich. Jeder kann in der
seinigen Rechtshändel abwickeln, in der Tagsatzung
sprechen und zu Gott beten. Bei diesem Systeme
sind alle zufrieden. Wir aber machen die freudige
Wahrnehmung, dass sich das Deutsche nicht nur in
Graubünden mehr und mehr verbreitet, trotzdem Schule
und Kirche das Ladinische neben diesem getreulich
pflegen, sondern dass sogar von Basel in der Richtung
auf den Neuenburger See unsere Sprache allgemach in
Kirche und Schule Platz gewinnt. Also erscheint sie
nirgends so gesichert wie in dem kleinen, von Hirten,
Bürgern und Bauern gegründeten Freistaate.

Anders steht es in Italien, Südtirol und den
übrigen österreichischen Provinzen mit unseren deutschen
Brüdern. Im erstgenannten Lande hegt man zwar zur
Zeit eine besondere Vorliebe für das Deutschland der
Prussiani, dem man ja hauptsächlich die Vollendung
der italienischen Einheit verdankt, aber dies bezieht
sich mehr auf die Regierung als auf unseren Volks-
stamm, denn innerhalb der Staatsgrenzen thut man
nichts, um den deutschen Bezirken ihre alte Sprache
zu erhalten, sondern lässt alles geschehen, was sie
langsam vernichten wird. Ein rascheres Vorgehen, um
dies zu beschleunigen, wird vielleicht nur deswegen
nicht eingeschlagen, weil die deutschen Bezirke so
abgelegen, unzugänglich und unbedeutend sind, kurz,
weil die Masse der Welschen kaum von ihrem Vor-
handensein weiss. Dafür hat man seinen alten Groll
gegen Österreich auch auf dessen deutsche Unterthanen übertragen, ja, die Italianissimi wollen nicht
bloss die Ladinisch und Venezianisch oder lombar-
disches Wälsch redenden Tiroler dem neuen König-

reiche einverleiben, sondern selbst die Hunderttausende
reiner Deutscher des Vintschgaues, des Passeier- und
Pusterthales, so dass die Heimat Andreas Hofers
und Walthers von der Vogelweide ein Teil Wälsch-
lands würde. Dazu müsste unsere Sprache südlich
des Brenners vertilgt werden. Was lässt sich aber
von denen, welche Deutsches im ihnen fremden österreichischen Staate vernichten wollen, für die Deutschen
im eigenen Staate erwarten? So arbeitet denn der
Bischof von Novara darauf hin, in den Monte Rosa-
Thälern, im Formazza-Thale den — wenigstens für
das weibliche Geschlecht noch bestehenden — deutschen Religionsunterricht abzuschaffen, was ja in
Ornavasso und am Eyehorn schon gelungen sein soll
— in den sieben Gemeinden, von denen die nördliche Hälfte noch die Sprache der Ahnen am häuslichen Herde redet, betrachtet der wärmste Freund
derselben, welcher darin schreibt, sie dem Tode
geweiht, denn er berichtet auf die Mahnung, sie nicht
untergehen zu lassen: Wölte ich da legen alle die
maine mächte (daransetzen alle meine Kräfte), ez
wära wia inspruzzen lentegez (lebendiges) plut in an
toten korpo. Und hier ist es die Kirche, welche,
zumal seit 1816, als dieses Gebiet unter das habs-
burgische Zepter kam, die alte deutsche Mundart zu
vertilgen trachtet, und in zwei Menschenaltern dürfte
es gelungen sein. Die jetzige Regierung ist damit
natürlich völlig einverstanden, ganz verschieden von
derjenigen der Republik Venedig, die ihr treues Berg-
volk bei seiner angestammten Sprache beliess und
sogar für Beamte und Geistliche sorgte, welche derselben kundig waren. Die kräftigen Grenzer auf

dem Südabhange der Alpen zwischen Verona, Vicenza und der Brenta, überwiegend von deutschem Blute, werden die besten Kämpfer des italienischen Heeres sein, wenn dieses in den österreichischen Staat einbricht, um nach dem Programme der Italianissimi (welche in den Schulatlanten als Nordgrenze Italiens den Gebirgskamm der Jugend darstellen, von dem das Wasser zum Inn fliesst) alles südlich der Quellen der Etsch, des Eisacks und der Lienz gelegene Land von demselben loszureissen.

In den drei östlichsten deutschen Bezirken unter wälscher Hoheit verkümmert unsere Sprache auch — obgleich in Bladen die Bevölkerung sie liebt — denn die Regierung will nichts von ihr wissen. Was hilft es, dass sich die Gemeinde auf eigene Kosten deutsche Lehrerinnen aus der Schweiz kommen lässt! Diese werden, da ihr Gehalt doch nur ein geringes ist, gehen, sobald sie sich verbessern können, und dann kommen die wälschen Schulmädel aus Belluno wieder. Der deutsche Lehrer geht ohne Beschäftigung spazieren, er ist eben kaltgestellt, wie man sagt.

In der Zahre (Sauris) war Ende der achtziger Jahre noch ein Geistlicher, welcher Deutsch predigte, und sein Pfarrgehilfe sprach es, gebrauchte es aber weder in Christenlehre noch auf der Kanzel. Die Mütter fangen schon an, stolz auf das gute Italienisch ihrer in Ampezzo geschulten Kinder zu sein, und so geht das Deutsche, das in der Dorfschule nicht mehr gebraucht wird, zu Ende und verklingt auch bald am häuslichen Herde.

Gerade so geht es auch am Plökenpasse in dem malerisch gelegenen Tischelwang (Timau), wohin sich sogar schon wälsche Sommerfrischler und -Frischlerinnen verlieren, um reinliches und schmackhaftes Essen bei dem trefflichen deutschen Wirte zu geniessen. An der ganzen Südgrenze unseres Sprachgebietes werden also alle in das Königreich Italien hineinragenden und ihm unterthanen Gruppen deutscher Ortschaften verschwinden, wie schon früher so viele andere sich dank der 600jährigen Zerrissenheit Deutschlands verwälscht haben. Und haben wir Mittel, es zu verhindern? Fast sollte man meinen, Österreich hätte sie. Es hat sie auch — aber betrachten wir den gegenwärtigen Zustand der Dinge in diesem Staate, so sehen wir, dass das einzige seiner zwölf Völker, welches wirklich Zivilisation besitzt und sie den anderen elf zu geben im stande ist, von den gegenwärtigen Machthabern auf alle nur mögliche Weise gegen diese zurückgesetzt und geschädigt wird. Am wenigsten geschieht dies allerdings bisher in Südtirol, wo die Regierung seit 1871 die drei noch nicht verwälschten Bezirke eines früher ganz deutschen Landstriches von mehr als 30 Geviertmeilen östlich der Etsch, d. h. höchstens den zehnten Teil derselben, wieder mit deutschen Schulen versorgt hat, denen selbst die milde Hand des Kaisers Geschenke macht. Aber da die meisten Geistlichen das Deutsche nicht verstehen und selbst die deutsch geborenen unter denselben Italienisch predigen, ja, auch bei der Beichte und Christenlehre sich dieser Sprache bedienen, so geht der Einfluss der Schule grossenteils wieder verloren, was auch die Grosswürdenträger der Kirche wohl wissen mögen, wenn sie mit Vorliebe des Deutschen unkundige Seelsorger dort anstellen. Die Bevölkerung,

durch die eigenen Familien-, Flur- und Bergnamen
noch an ihre deutsche Abkunft erinnert, wäre — trotz
der Hetzereien einiger Italianissimi in Trient und
Roveredo — der Mehrheit nach geneigt, sich die
Sprache der Väter wieder anzueignen. Und wenn
die Regierung so weise wäre, dort ausser deutsch ge-
bildeten Lehrern und Lehrerinnen auch nur deutsche,
natürlich der wälschen Landesmundart kundige Priester
anstellen zu lassen, so würde in zwei Menschenaltern
das südlichste Drittel des Landes östlich der Etsch
wieder deutsch sein. Dass dies das sicherste Mittel
sei, die Einverleibung Südtirols in Italien zu verhüten, scheint man in den höheren Verwaltungskreisen
nicht zu begreifen. Bis jetzt verlangsamen 30 Schulen
allerdings den Entdeutschungsprozess, aber machen
ihn noch nicht unmöglich. Orts- und Personennamen
werden immerfort verwälscht, bald übersetzt, bald ver-
dreht. Wenn dem die kaiserliche Regierung nicht
thatkräftig ein Ende macht, so erzieht sie hier selbst
künftige Garibaldianer und Oberdanke, denn die
Italianissimi von Trient und Roveredo ruhen im
eigenen Lande nicht, bis man ihrem Treiben steuert
oder sie verbannt.

So wie an der Brenta oder noch viel schlimmer
geht es in allen nicht ausschliesslich deutschen Provinzen des grossen und schönen Reiches der Habs-
burger zu. Wo immer Deutsche unter Slowenen
wohnen, d. h. in Steiermark, Kärnten und Krain,
werden von oben herab alle Mittel benutzt, um dieselben ihrer Sprache zu berauben und ihnen die für
die Entwickelung der Menschheit hinderliche, geistig
arme slowenische Mundart, die man erst durch Ein-

führung kroatischer Worte zur Schriftsprache machen muss, aufzuzwingen. Dennoch lässt die Regierung in derselben amtieren, wie unverständlich dies Sprachfabrikat oft selbst den Slowenen ist, die sich aber durch diese Massnahme geschmeichelt fühlen.

Und während die Thätigkeit der Italianissimi in Tirol eine vorsichtige, ja versteckte ist, tritt das Slawentum in Steiermark, Kärnten und Krain infolge seiner Begünstigung von oben den deutschen Mitbürgern gegenüber mit unverhohlener Feindseligkeit auf, erschwert ihnen alles und jedes und sucht nicht nur die eigene Sprache zu erhalten — was ja keinen Tadel verdient —, sondern weigert sich, die unsrige, ihm so nützliche zu lernen, ja, sucht sie durch Massregelungen, List und Gewalt bei den eingeborenen Deutschen auszurotten. Ein Notschrei nach dem andern ertönt aus deren Munde von den Ufern der Mur, Drau, Sau und des Isonzo sowie aus den Bergwerken der Karnischen Alpen und aus der altgermanischen Hochburg um Gottschee. Im Süden ist stets die Rede davon, die Nichtslowenen des Küstenlandes ins Meer zu drängen, und da erstickt man das Deutschtum diesseits des Karstgebirges und verteilt die Deutschen des Gottscheer Ländchens, statt sie, wie bis auf unsere Tage, als einen einheitlichen Verwaltungsbezirk bestehen zu lassen, an vier verschiedene, in deren jedem die Slowenen die Mehrheit bilden, um Kirche und Schule zu entdeutschen, wobei alle Behörden des Landes stets mitwirken. Einst waren ja nördlich des Karstgebirges Adel und Bürgerstand überall ganz deutsch und höchstens die Bauern slawisch, denn noch tragen daselbst $2/3$ aller Städte, grösseren Marktflecken und Ortschaften deutsche

Namen und deren Bewohner nicht minder! Da sie
jedoch Protestanten waren, so hatten sie grausame
Verfolgungen zu erleiden und wanderten in Masse
freiwillig oder gezwungen aus. Und nun ergossen sich
die Slowenen in die verlassenen Bezirke, ja, flüchteten
zu Hauf in die ehemals deutschen Städte, als die
Türken ihre Raubzüge bis in diese Ostalpenthäler
ausdehnten. Jetzt verstehen viele tausende deutsch-
namiger Leute dort die Sprache der Ahnen nicht
mehr! 1890 gab es in Steiermark 848 034 Deutsche,
400 367 Slowenen, in Kärnten 254 597 Deutsche,
101 030 Slowenen, in Krain 28 033 Deutsche, 466 257
Slowenen.

Noch schrecklicher als zwischen Mur oder Drau
und Adria ist aber die Lage der Deutschen in Böhmen.
Da wurden die ehrwürdige, älteste deutsche Universität
und die technische Hochschule in zwei Hälften ge-
spalten, als ob es eine tschechische Wissenschaft gäbe;
da zerfällt das ganze Land in die Parteien der Deutschen,
Alttschechen und Jungtschechen, von denen die beiden
letzteren es auf nichts Geringeres abgesehen haben
als auf die Bildung eines dritten Staates in Österreich, auf ein eigenes Königreich vom Böhmer Walde
bis an die Kleinen Karpathen oder gar bis an den Tatra,
in welchem ihre Überzahl dann das Deutschtum ebenso
vernichten könnte, wie es durch den Scheinkonsti-
tutionalismus in Ungarn geschieht.

Nach den Andeutungen hochmütiger Magyaren,
tückischer Tschechen und tiefblickender Deutschöster-
reicher ginge die Regierung mit nichts Geringerem um,
als die deutsche Sprache, d. h. also das Deutschtum, im
ganzen Staate zu vernichten, und fange damit in den

äusseren, teilweise schon slawischen Provinzen an, um
die inneren ganz deutschen Länder von uns erst mehr
und mehr abzusondern und dann dort ihr Vernichtungswerk rascher vollenden zu können. In Ungarn, wo die
Deutschen meistens auf Sprachinseln wohnen und es
ihnen an tüchtigen Führern fehle, sei schon eine
raschere Gangart eingetreten und hoffe man noch
früher fertig zu werden. Seien die Deutschen jenseits
der Leitha erst dem Magyarentume erlegen, dann
würde dieses auch die slowakische, kroatische, ser-
bische und zuletzt die rumänische Sprache dort aus-
rotten. Nach Vertilgung des Deutschen im Norden
der Donau durch das Tschechische, im Süden durch
das Slowenische werde dann Österreich diesseits der
Leitha ganz magyarisch werden, Polen solle aber
zuletzt aufs neue in den alten Grenzen hergestellt
und der Kaiser von Österreich zu dessen Könige gemacht werden. Den Kitt des Ganzen müsse die
römisch-katholische Kirche liefern und zugleich die
Verbindung der österreichischen Slawen mit den
griechisch-katholischen Russen verhüten, denen ausserdem die Magyaren einen starken Damm entgegensetzen
würden. Vielleicht liesse sich dann auch Oberschlesien
wiedergewinnen, das man zu Polen schlagen könne.
Mit dem Vorspiegeln dieser Zukunft sucht man das
Herrscherhaus zu blenden, einer Zukunft, die sich
durch Hilfe Frankreichs und später Russlands durch
Zugeständnisse, z. B. durch Überlassung von ganz
Kleinasien, verwirklichen lasse.

Eine Folge dieses Bestrebens zur Vernichtung
des Deutschtumes zeigt sich schon jetzt in der Abnahme
der Deutschen in Prag (1890 unter 183085 Bewohnern

nur noch 29 000 Deutsche; 1846 hatte die Stadt noch
64 Prozent deutschgeborene, 17 Prozent deutschgebildete
Bewohner, also 81 Prozent derselben sprachen dieselbe
Sprache wie wir; die Entdeutschung Prags ist eine
traurige Wahrheit).

Und wenn die Pläne der Tschechen gelängen,
d. h. wenn ein selbständiges Königreich Böhmen ent-
stünde, das nur in der Person des Herrschers mit
dem übrigen Österreich zusammenhinge, so wäre das
nicht bloss für Österreich, sondern auch für uns ein
Unglück; denn dann würden nahezu drei Millionen
Deutscher in Böhmen und Mähren tschechisiert, und
wir hätten statt der Aussicht einer Freundschaft von
Stammverwandten diejenige auf hussitisch-grimmigen
Hass bei diesen Nachbarn. Mit welcher hirnver-
brannten Wut dort schon jetzt die frechsten Eingriffe
in das Recht der Deutschen auf ihre Sprache geplant
und gemacht werden, davon geben die Zeitungen,
welche in unserem Vaterlande noch deutsch gesinnte
Redakteure haben, dann und wann Kunde, obschon
nicht genügende — die vielen Blätter, welche unter
dem Einflusse von unserem Reiche feindlichen oder
demselben gegenüber gleichgültig sich verhaltenden
Parteien stehen, verschweigen es böswillig.

Aber auch das Gerichtswesen und der Beamten-
stand werden zur Vernichtung des Deutschtumes benutzt. Früher amtierte man in deutscher Sprache; die
Mehrzahl der slawischen Bevölkerung verstand diese, und
in wenigen Fällen war ein Dolmetsch nötig; jetzt soll
auf alle Eingaben in der Sprache geantwortet werden,
in welcher sie eingehen, und kein Prozess in einer
anderen Sprache als in derjenigen der Beteiligten ge-

führt werden. Welcher schon angestellte Richter oder Beamte selbst ganz deutscher Gegenden dies nicht kann, der wird nicht befördert, welcher Bewerber es nicht kann, der bekommt gar keine Anstellung mehr. Da nun jeder gebildete Tscheche das Deutsche auch ohne die Schule lernt, so wird er dem Deutschen im Amte stets vorgezogen. Ja, Ärzte und Apotheker bekommen leichter Physikate und Gewerbskonzessionen, wenn sie Tschechen sind, als wenn sie das Tschechische nicht verstehen.

In Galizien und Bukowina müssten die Deutschen zwischen den Polen und Ruthenen sowie Rumänen, weil sie in 200 einzelnen Ortschaften zerstreut sind und nicht in zusammenhängender Gruppe wohnen, nach und nach ihre Sprache verlieren, wenn sie dort auch nie angefeindet würden; aber die Begünstigung der Polen schadet dort nicht nur den Ruthenen, sondern auch den Deutschen.

Im Jahre 1891 hielt es die österreichische Regierung angezeigt, ein angesehenes Mitglied der deutschen Partei ins Ministerium zu berufen und bei der Berufung von Herrenhausmitgliedern auf Lebenszeit auch die deutschen Parteien zu berücksichtigen. Die Zeit wird lehren, ob dieses Verhalten des Ministeriums Taaffe nur als ein Versuch, die Tschechen zu schrecken, anzusehen sein wird, oder ob die Regierung gewillt ist, auf das Deutschtum dauernd in gebührender Weise Rücksicht zu nehmen. Das Vorgehen des Ministeriums veranlasste die Tschechen, sofort mit der Gründung von Vereinen vorzugehen, deren Aufgabe es sein soll, die Kenntnis der russischen Sprache nach Kräften zu pflegen und für ihre Verbreitung in ausgedehntestem

Masse zu wirken. Auch in der neuesten Zeit zeigten
die ausgeprägtesten Feinde des Deutschtumes, die
Jungtschechen, durch ihre Erfolge bei den letzten
Reichsratswahlen begehrlich gemacht, dass sie ihre
Forderung nach einem Böhmen, Mähren und Schlesien
in sich vereinenden tschechischen Staate mit allen
Mitteln zu erreichen bestrebt sind.

Jede Vorstellung aber, die man sich von der
bejammernswürdigen Lage des Deutschtumes in Ungarn machen möchte, wird von der Wirklichkeit
übertroffen. Da macht man eigens in erster Linie
die Gesetze zum Zwecke der Vernichtung desselben,
und dadurch werden unsere Stammesverwandten den
ehrlosen Halbbarbaren, d. h. Magyaren, gegenüber zu
rechtlich Wehrlosen. Es ist schon Seite 53 angegeben
worden, dass 2 107 577 Deutsche mit 7 426 730 Magyaren,
94 679 Slowenen, 2 604 260 Kroaten und Serben, 1 910 279
Slowaken und 383 392 Ruthenen sowie 2 591 905 Rumänen oder Wallachen einen Staat bilden. Es wird aber
von ihrem Statistiker, der seinen deutschen Namen in
einen magyarischen umgeformt hat, dadurch, dass
er alle Slawen, Rumänen und Deutschen, welche Magyarisch verstehen, als Magyaren aufzählt, dem Aus-
lande und Inlande weis gemacht, dass es deren in
runder Zahl 8 200 000 gebe, damit man die Ver-
gewaltigung der Anderssprachigen nicht gar zu
grausam finde. Noch andere verhängnisvolle Lügen-
komödien werden in diesem frei und gerecht scheinen
wollenden, aber nicht seienden Lande aufgeführt,
die Recht und Freiheit gröblich verletzen. Eine
der nichtswürdigsten ist die Verfassung selbst. Trotzdem Transleithanien nur 42 Prozent Magyaren, aber

58 Prozent Nichtmagyaren zu Bewohnern hat, besitzen die ersteren in der Repräsentantentafel (Unterhaus) eine erdrückende Mehrheit. Wie ist das möglich? wird man fragen. Nun, weil das Wahlrecht und die Einteilung der Wahlkreise solcher Art sind, wie sie kein anderes Land mit repräsentativer Verfassung bietet. Nicht nur ist ein bedeutender Teil der Bevölkerung, von dem die ungarische Regierung voraussetzen kann, dass er alle zur Unterdrückung der 58 Prozent Nichtmagyaren von ihr getroffenen Massregeln gutheisst, ohne Abgaben zu zahlen wahlberechtigt, sondern die Regierung hat es auch verstanden, die Wahlkreise ohne Zugrundelegung einer bestimmten Zahl von Bewohnern so einzuteilen, dass sie immer sicher sein kann, der magyarischen Bevölkerungsminderheit von 42 Prozent die seitherige überwältigende Mehrheit von Mitgliedern in der Repräsentantentafel zu erhalten. In ähnlichem Sinne ist die Verwaltungsgesetzgebung gestaltet, so dass die Magyaren im stande sind, durch Mehrheitsbeschlüsse alle anderen Nationalitäten ihres Staates in allem zu unterdrücken, und das thun sie denn auch bei jeder Gelegenheit. Wer nun also z. B. nicht magyarisch thut, auch ohne es zu sein, bekommt kein Staatsamt und wird, wenn er es schon haben sollte, nie mehr befördert.

Die wohlverbrieften, von den altmagyarischen Königen, vom Hause Habsburg, ja, von den Türken während ihrer kurzen Herrschaft im Lande geachteten Rechte der deutschen Einwanderer, welche das Land zivilisierten und den Abkömmlingen der Horde Arpads alles gaben, wodurch diese sich jetzt von räuberischen Beduinen unterscheiden, sollen nicht mehr gelten und

gelten schon nichts mehr; selbst das heiligste Recht
jedes Menschen auf seine Muttersprache wurde, nachdem es bei der Einverleibung Siebenbürgens in Ungarn
im Jahre 1866 erst noch einmal feierlichst verbürgt
worden war, gebrochen und mit Füssen getreten; schon
1868, also nur zwei Jahre nach diesem politischen Eide,
begann man ihn zum Meineide zu machen, indem man
deutsche Schulen aufhob und sie in magyarische verwandelte; 1886 war dies schon mit fast 500 geschehen,
jetzt dürfte es deren überhaupt nicht mehr geben.
Ja, das Mittelschulgesetz von 1883 schreibt gar auch für
alle Privatschulen das Magyarische als Unterrichtssprache vor! Den energisch sich gegen die Magyarisierung
ihrer deutschen Schulen wehrenden Siebenbürger Sachsen
wurden alle Vermächtnisse und Stiftungen, welche das
gesamte Kirchentum und Schulwesen zu erhalten aus-
reichten, insofern genommen, als die Verfügung darüber,
d. h. die Genehmigung der Art und Weise der Verwendung, solchen Oberbehörden zugewiesen ward, die
der Mehrzahl nach aus Magyaren und aus Katholiken
bestehen, obgleich es sich um evangelische Kirchen
und Schulen handelte.

Die Erklärung der ungarischen Regierung, das
Nationalvermögen der Siebenbürger Sachsen sei deren
ausschliessliches Eigentum, fällt nach dem bisherigen
Verhalten der Regierung gar nicht ins Gewicht.

Durch die Einführung der ungarischen Städteordnung in Siebenbürgen wurde die bisherige Selbst-
verwaltung des Landes aufgehoben. Die gegen diese
rechtswidrige Gewaltthat erhobenen Beschwerden blieben
ohne Erfolg. Und die Gerichtsbeamten, welche nicht
im stande waren, sich innerhalb einer kurz bemessenen

Frist die ungarische Sprache anzueignen, wurden einfach gezwungen, ihre Ämter zu opfern.

Aber auch die deutsche Jugend soll schon im zartesten Alter magyarisiert werden. Dazu muss das in jüngster Zeit erlassene Gesetz über die Kinderbewahranstalten und Kinderasyle helfen. Deutsche Kinder im Alter von 3 bis 6 Jahren, deren Eltern dieselben nicht genügend beaufsichtigen können, müssen diesen Anstalten übergeben werden, hauptsächlich zu dem Zwecke, um Unterricht in ungarischer Sprache zu erhalten und so nicht nur ihrem Stamme, sondern auch den oft nicht einmal Magyarisch verstehenden Eltern entfremdet zu werden. Mit diesem Gesetze hat man es hauptsächlich auf die Kinder deutscher Arbeiter in Pest (das nach amtlichen Angaben noch 130 000 rein deutsche Bewohner zählt) und auf diejenigen anderer grosser Städte Ungarns mit erheblichen Bruchteilen deutscher Bevölkerung abgesehen.

Ohne ein geschichtliches Ereignis, das eine Änderung der jetzt in Ungarn geltenden Staatsgesetze zur Folge hätte, dürfte die dort lebende, über 2 Millionen zählende Vorhut des Deutschtumes dem Untergange geweiht sein.

Zur Zeit geniesst die deutsche Sprache in Transleithanien nur noch im Heere Berechtigung oder vielmehr Duldung; immerhin ist dieselbe nur diejenige eines Gastes, dessen nutzenbringende Freundschaft man gegenwärtig leider nicht entbehren kann. Die Forderungen der Heisssporne der Magyaren nach Einführung der magyarischen Sprache auch für die Armee werden sicher von Erfolg gekrönt sein, wenn die allgemeine innere und äussere Lage einem darauf gerichteten Vorgehen günstig zu sein scheint.

Im russischen Staat wird ohne jegliche konstitutionelle Lügenkomödie das Deutschtum langsam, aber systematisch abgetötet und jeder offene oder geheime Widerstand mit roher Gewalt unterdrückt. Nicht bloss aus dem Bestreben, zu Ämtern, Würden und Einfluss zu gelangen, oder zu Zwecken des Verkehrs lernen viele Deutschen in Russland die Sprache der Regierung freiwillig, sondern die anderen werden auch durch allerlei Massregeln dazu mehr oder weniger gezwungen. Die griechische Kirche, deren Sprache das Russische ist, muss zunächst dazu beitragen, und dies geschieht infolge eigens dazu ersonnener Gesetze. So muss z. B. jedes unehelich oder in religiös gemischter Ehe erzeugte Kind in griechischer Religion erzogen werden. Es darf nie ein Übertritt von dieser zu einem anderen christlichen Bekenntnisse stattfinden. Ein jeder, der einmal, z. B. im Heere als Soldat dazu befehligt, den griechischen Gottesdienst mitmacht und sich nicht davor in acht nimmt, das Abendmahl nach griechischem Kirchenbrauche zu geniessen, wird von Stund' an als zu dieser Religion übergetreten betrachtet und behandelt. Alle Kinder der mit Staatsgütern belehnten oder beschenkten siegreichen Generäle müssen ebenfalls die Staatsreligion annehmen, wenn sie den väterlichen Grundbesitz erben wollen.

Bereits in den sechziger Jahren dieses Jahrhunderts wurde die russische Sprache in Livland und Kurland als Amtssprache eingeführt, 1877 die russische Städteordnung auf beide, 1880 auch auf Esthland ausgedehnt und 1889 die russische Gerichtsverfassung für das ganze deutsche Ostseegebiet Russlands zum Gesetze erhoben.

Gegenwärtig (1892) werden an der Universität Dorpat die Vorlesungen je nach den hiefür bestehenden Vorschriften teils in russischer, teils in deutscher Sprache gehalten (in der theologischen Fakultät die theologischen Vorlesungen in deutscher Sprache, jedoch mit der Verpflichtung für die für dieselben Eingeschriebenen, die Vorlesungen über russische Sprache und Litteratur zu besuchen, um das vorgeschriebene Gradualexamen in der russischen Sprache bestehen zu können). Man darf jedoch nach dem seitherigen Verhalten der russischen Regierung als sicher schon jetzt voraussetzen, dass in deutschen Kirchen und Schulen (in letzteren bis zur Universität aufwärts) in der nächsten Zeit nur noch in russischer Sprache gepredigt und unterrichtet werden darf. Die in den letzten Jahren seitens der russischen Behörden vorgenommenen vielfachen Ausweisungen Deutscher sind ein trauriger Beweis für die Massregeln, welche den Deutschen in Russland in der Zukunft bevorstehen, wenn sie sich nicht bedingungslos dem Slawentume überliefern. Die baltischen sowohl wie die südrussischen Deutschen können nur durch Rückkehr in die Heimat ihr Volkstum retten.

*   *   *

Der im Jahre 1880 gegründete Deutsch-Österreichische Schulverein mit Ortsgruppen in ganz Österreich und dem Hauptsitze in Wien hat sich zur Aufgabe gestellt, das Deutschtum in Österreich mit allen gesetzlich gestatteten Mitteln zu fördern und zu erhalten. Zu diesem Zwecke unterstützt er aus seinen Mitteln deutsche Schulen armer Gemeinden, stiftet

deutsche Privatschulen, wo die Staatsbehörde es an
öffentlichen fehlen lässt oder dieselben in slawische
verwandelt hat, und besoldet die an solchen von
ihm gegründeten Lehranstalten bestallten Lehrer
in gleicher Höhe wie der Staat, zahlt auch das gleiche
Ruhegehalt.

Im deutschen Reiche besteht ein gleicher Verein
mit dem Hauptsitze in Berlin; derselbe sucht die
Bestrebungen des Österreichischen nach Kräften zu
unterstützen, hat aber seine Thätigkeit auf die Erhaltung des Deutschtumes, wo immer auch es anzu-
treffen ist, ausgedehnt; dass derselbe der nachhaltigsten
Förderung aller deutsch Denkenden und Fühlenden,
sei es durch von jedem zu erwerbende Mitgliedschaft,
sei es durch Zuwendung von Geldgaben und deutschen
Büchern, in hohem Grade wert ist, erscheint zwar selbst-
verständlich, möge aber doch ausdrücklich erwähnt sein,
da seine Mittel gegenüber den hohen Anforderungen
noch viel reichlichere sein sollten! Gelten doch die
zu bringenden Opfer der Erhaltung des Deutschtumes
überhaupt!

Die deutsche Sprache sonst und jetzt.

Allgemeines.

Soweit Sage, Sprach- und Geschichtsforschung einen Schluss gestatten, nahmen die Germanen von Asien aus nach Europa ihren Weg. Gewichtige Forscher erheben ihre Stimme dafür, dass sie sich zuerst in Skandinavien ansiedelten und von hier aus in Deutschland eindrangen. Wann dies geschehen sei, ist bis jetzt nicht erwiesen. Mit dem Einfalle der Kimbern und Teutonen ins römische Reich (zwischen 113 bis 101 vor Christi Geburt) beginnt das Eintreten der Germanen in die Geschichte. Von dieser Zeit bis zum Beginne der Völkerwanderung ist die Forschung hinsichtlich der Sprache unserer Altvorderen auf Überlieferungen der römischen Geschichtschreiber und Geographen (die griechischen kommen weniger in Betracht) angewiesen.

Ist die Zahl der aus jener Zeit überlieferten Wörter auch eine kleine, so lässt sich doch aus der Gemeinsamkeit der meisten Wurzeln, der Übereinstimmung der Wortbildungs- und Biegungsweise die nahe Verwandtschaft des Germanischen mit

dem Keltischen, Pelasgischen, Slawischen, Sanskrit
und Zend nachweisen. Ähnlich, wie die Veränderung
der konsonantischen Laute (Lautverschiebung) in den
verschiedenen Mundarten einer Sprache nach bestimmten Regeln zum Ausdruck gelangt, vollzog sich
auch der Entwickelungsgang von der griechisch-römischen zur germanischen und von der germanisch-
gotischen zur althochdeutschen Form.

Aus einer Prüfung der germanischen Wörter,
wie sie in den Werken der römischen Schriftsteller
auf uns gekommen sind, geht hervor, dass die Vokale
schon der Angleichung und Schwächung unterworfen
waren, ein Zeichen, dass die Sprache bereits in
kräftiger Weise sich entwickelt hatte. In dieser
Zeit macht auch eine Sonderung in mehrere Mundarten, dem Anscheine nach nur noch in zwei, sich
geltend, die im Wechsel von $\hat{e}$ und $\hat{a}$ bemerkbar ist.
Wo das $\hat{e}$ herrschte, wurde *ch* statt des sonst an-
gewandten *h* gebraucht, wo das $\hat{a}$ geltend war, bediente
man sich des *ch* statt des *c*.

Das Gotische.

Das erste Alphabet der Germanischen aus
dem skandinavischen Norden stammend und mit
dem Namen Rûna belegt, bestand aus 16 Zeichen,
die man aus Holz schnitt oder in Holz (in Skandinavien bis ins späte Mittelalter auch in Stein) ritzte,
und diente ursprünglich wohl nur religiösen Zwecken.

Dasselbe bildet die Grundlage des von Wulfila
(gewöhnlich Ulfilas genannt) hergestellten gotischen;
die Zeichen *th* und *u* der Runenschrift behielt er

unverändert bei, die übrigen passte er den entsprechenden Zeichen des griechisch-römischen Alphabetes an und entnahm vom griechischen noch als neu *z*, *k*, *p* sowie *ch* als Zeichen der Zahl 90, vom lateinischen *q*, *h*, *j*; ausserdem fügte er den von ihm erfundenen Buchstaben einen für den Laut *hv* hinzu. Die Reihenfolge der so von ihm geschaffenen 26 Buchstaben passte er, abweichend von ihrer Grundlage, der des griechischen Alphabetes an; auch benutzte er die einzelnen Buchstaben an Stelle von Zahlen nach griechischem Vorbilde. Die Namen der Buchstaben blieben, mit Ausnahme einiger griechisch bezeichneten, die altgewohnten der Goten. Somit gab Wulfila dem gotischen Alphabete jene Gestalt, die eine umfangreiche Verwendung desselben, also auch die für den alltäglichen Gebrauch, gestattete.

In der zweiten Hälfte des 3. Jahrhunderts nach Christi Geburt verliess der edelste aller germanischen Stämme, die Goten, die Bernsteinküste und das ganze Weichselgebiet, um sich zwischen dem Don und der Theiss sowie auf beiden Seiten der unteren Donau niederzulassen. Da sie unter allen germanischen Völkern geistig am meisten hervorragten (besassen sie doch bereits geschriebene Gesetze), so waren sie auch die ersten derselben, welche das Christentum annahmen. In der Zeit von 340 bis 350 übersetzte ihnen ihr Bischof Wulfila die Bibel in ihre Sprache, deren sie sich, wie die Vandalen, auch beim Gottesdienste bedienten. Bei der Übersetzung des Alten Testaments folgte Wulfila der sogenannten Septuaginta, bei der des Neuen Testaments legte er einen griechischen Text zu Grunde, der den ältesten lateinischen

Übersetzungen möglichst nahe kam. Das Gotische ermöglichte es ihm, sich näher an die Urschrift anzulehnen, als die spätere deutsche Sprache dies zuliess, ohne jedoch vor Abweichungen zurückzuschrecken, wo sie ihm als notwendig erschienen. Adjektivsätze begann er beispielsweise mit persönlichen statt mit relativen Pronominibus, gebrauchte statt des Pluralis den Dualis, liess auch den Artikel ausfallen.

Aus den Bruchstücken von Wulfilas Bibel und noch einigen anderen Resten (die Erläuterung des Evangelium Johannis, unter dem Namen Evangelienharmonie bekannt) lässt sich eine ziemlich klare Vorstellung gewinnen, wie etwa der vierte Teil aller Germanen vor anderthalb Jahrtausenden gesprochen habe, als er sich von der Krim bis zu den Säulen des Herkules ausgedehnt hatte.

Auf den ersten Blick erscheint uns Wulfilas Bibel, diese unschätzbare Urkunde über unsere oder vielmehr von unserer Sprache, als eine völlig fremde, deren Erlernung ebenso schwer für uns fallen müsse wie Griechisch, Lateinisch oder Russisch. Durchfliegt man aber nur wenige Seiten eines gotischen Wörterbuches, so entdeckt man, dass die Mehrzahl seiner Vokabeln Stammsilben hat, die noch heute in irgend einer anderen, zumal niederdeutschen Mundart, also auch im Englischen, vorkommen, ja, allen gemeinsam sind.

Ist *fadar, broþar, dauhtar, svistar* nicht deutsch? Bedeutet *dailjan* nicht teilen, *hrainjan* reinigen, *steigan* steigen? Erkennt man nicht gleich den Sinn der Verhältniswörter *af, bi, mith, us, undar, an, in, hindar?*

Vertieft man sich aber in die Grammatik und bemächtigt sich des Wortschatzes dieser ältesten,

durch Wulfilas Bibel näher bekannten deutschen
Sprache, so empfängt man einen Eindruck, wie ihn
Griechen und Römer empfinden müssten, wenn sie
aus ihren Gräbern erstünden und den Kölner oder
Speierer Dom sähen, so gross ist ihre strenge Regel-
mässigkeit, so überaus mannigfaltig sind ihre Formen,
so zahlreich ihre Stammwörter, so scharf und fein
ihre Begriffsbestimmungen, so wohllautend ihre Klänge.

Um diese Behauptungen zu beweisen, z. B. was
die Tonschönheit des Gotischen betrifft, braucht man
nur das jetzige Vaterunser mit dem Wulfilas zu ver-
gleichen. Im ersteren enden 9 Wörter mit starren
Konsonanten, im anderen nur 4 (dadurch wird es
weicher), im Neuhochdeutschen 9 mit dem ein-
tönigen *e*, nur *wie* ausgenommen, dagegen hat das
Gotische 16 vokalische Auslaute, und zwar *a, e, i, o,
u, ai* und *ei*; im letzteren kommt 34mal *a*, 10mal *ai*
in den Silben vor und 4mal *e*, im ersteren 35mal *e*
und 4mal *a*.

Wie klangvoll und wie genau bezeichnend, ja
schön im Vergleiche zu unserem Deutsche ist die
gotische Hauptwortsbiege (Deklination)! Jetzt drücken
s, es, e, en, er, ern, d. h. Endungen, in denen nur
ein ziemlich tonloses e Klang bewirkt, alle Verhältnis-
fälle aus. Das älteste Deutsch hat 35 verschiedene
Hauptwortsendungen dafür, in denen *a, e, i, o, u*, die
Doppellaute *iu, au, ai, ei* und *s, m, ns* vorkommen
und von denen 6 zweisilbig sind. Wir zählen sie auf:
*s, is, a, ôs, ê, am, ans, i, jus, us, aus, au, u, um,
uns, im, ins, ai, ôm, ô, ais, an, eis, in, ôns, ôn, ei,
eins, ein, iwê, ônô, einô, ôna, anê, eim.* So formenreich
ist selbst das lateinische Hauptwort nicht.

Dasselbe muss man vom Eigenschaftsworte mit seinen 22 möglichen Endungen im Gotischen sagen.

Das gotische Verb hat zwar nicht so viele Zeitformen wie das Lateinische, ist aber in denen, die es besitzt, vollkommener, da es, wie das Griechische, auch die Zweizahl ausdrücken kann. Seine Personenendungen unterscheiden sich (meistens) bis auf je zwei, seine Modusendungen immer deutlich und wohllautend von einander; die zwölf Klassen der starken ablautenden und vorsilbenden (reduplizierenden), sowie die drei Klassen der schwachen Verben bewirken eine Mannigfaltigkeit der Töne, die das Ohr nie ermüdet.

Als zusammenhängende Sprachprobe des Gotischen eignet sich das Vaterunser (Matth. VI, Vers 9—13):

9. *Atta unsar, þu in himinam, veihnai namô þein.*)*

10. *Kuimai þindinassus þeins. Vairþái vilja þeins, sve in himina jah ana airþai.*

11. *Hlaif unsarana þana sinteinan gif uns himmadaga.*

12. *Jah aflêt uns þatei skulans sijáima svasve jah veis aflêtam skulam unsaráim.*

13. *Jah ni briggais uns in fráistubnjái (fráistubni), ak láusei uns af þamma ubilin, — untc þeina ist þindangardi jah mahts jah vulþus in aivins. Amên.*

Diese wunderschöne Sprache konnte sich nirgends erhalten, als das edle Volk, welches sie redete, auf einer Strecke von 500 deutschen Meilen in der Krim, Mösien (heute Bulgarien und Serbien), Italien, Süd-

---

*) þ = *th.*

gallien und Spanien in kleinen Gruppen unter anders
sprechenden, dichten Bevölkerungen zerstreut wohnte.
Schrieb doch zur Zeit der Machtfülle Theodorichs
der Ratgeber desselben, Jornandes, die Geschichte des
eigenen Volkes schon lateinisch! *(„De Getarum sive
Gothorum origine e rebus Gestis"* und *„De regnorum
et temporum successione".)* Aber den Todesstreich
versetzte der gotischen Sprache erst die römische
Kirche, die dem Arianus der Goten ein Ende zu
machen verstand und nun im Gottesdienste an die
Stelle ihrer Sprache das Latein setzte, wie sie das
Grabmal Theodorichs hatte entweihen und seine Asche
in alle vier Winde streuen lassen.

Der unvergängliche Wert des ältesten Überbleibsels
der germanischen Sprachen besteht darin, dass auf
demselben allein sich eine Wissenschaft aufbauen
liess, welche alle Erscheinungen in ihnen allen
begreifen lehrt, ja sogar Schlüsse auf das Deutsch
noch früherer Zeiten erlaubt. Wenn man erwägt,
dass dasselbe im Laufe der Zeit immer mehr von
seinem Formenreichtume einbüsste, dann drängt sich
die Überzeugung auf: zur Zeit des Tacitus muss die
Grammatik der Germanen eine noch vollkommenere
gewesen sein wie im Zeitalter Wulfilas.

Neben dem Einflusse, welchen die lateinische
Sprache der römischen Kirche übte, machte sich auch
die Einwirkung des Staats- und Rechtswesens geltend.
das die Germanen in den von ihnen eroberten Ländern
vorfanden. Ebenso wie bei den Goten, die schon
Gesetze in schriftlicher Form besassen, trat im Laufe
der Zeit auch bei den anderen germanischen Stämmen
an die Stelle der mündlichen Überlieferung in ihren

Rechtsgepflogenheiten die schriftliche Aufzeichnung, und zwar in lateinischer Sprache; der letzteren bedienten sich nach und nach auch die germanischen Fürsten im Verkehre untereinander. Mit Ausnahme der Angelsachsen, welche die ansässigen Einwohner Britanniens bis auf schwache Reste unterdrückt hatten, und bei denen die germanische Sprache auch für ihre Gesetze die Herrschaft behauptete, machte sich das Lateinische zur Gebieterin in den Aufzeichnungen germanischen Rechtswesens und fand in der *Lex Salica*, *Lex Burgundionum* und dem *Edictum Rotharis* seinen Ausdruck. Diese Gesetzsammlungen enthalten auch germanische, die *Lex Salica* daneben noch keltische Wörter, für welche die Aufzeichner derselben wohl keine entsprechende lateinische Form zu finden vermochten. Jedenfalls war die ursprüngliche, wahrscheinlich in Reimen vorhandene mündliche Überlieferung der geltenden Rechtsanschauungen unserer Altvorderen eine ebenso belebte und bilderreiche, wie die in diesen Gesetzsammlungen vorhandene arm und dürftig ist.

Ging somit in den von den Germanen eroberten römischen Provinzen denselben mit der Muttersprache auch die heimische Schrift verloren und trat an ihre Stelle die lateinische, so erhielten sich doch in Spanien Bestandteile der gotischen Schrift vom 6. bis zum Schlusse des 11. Jahrhunderts und trugen auch den Namen einer solchen. Die Angelsachsen behielten die Zeichen *th* und *w* bei. Bis über die Mitte des 6. Jahrhunderts bedienten sich auch die Franken in Gallien noch der germanischen Schrift. Das lateinische Alphabet brach sich nach dieser Zeit auch bei den übrigen ger-

manischen Stämmen Bahn, doch pflegte man die Runenschrift noch zeitweise zu gebrauchen, wenn auch kaum
über das 10. Jahrhundert hinaus. Und selbst da, wo dieselben innerhalb des gleichen Zeitraumes die lateinische
Schrift anwandten, findet sich noch der Gebrauch
germanischer Zeichen, so im „Wessobrunner Gebet"
für die Silbe *ga*, im „Hildebrandsliede" für den Laut
w (für diesen wie bei den Angelsachsen), während
man sonst des Zeichens *uu* für denselben sich bediente.

Mit der Entwickelung von der germanisch-gotischen
zur althochdeutschen Form erreicht die Lautverschiebung, soweit sie regelrecht vor sich gehen konnte,
ihren Abschluss.

Die Erzählung aber vom Untergange der Herr-
lichkeit gotischer Rede ist der Anfang der zum
grössten Teile recht traurigen Geschichte des in seiner
Entwickelung nie ungestörten, nie ungeschädigten
deutschen Wortes.

Das Althochdeutsche.

Seit 381 nach Christi Geburt, dem Jahre, in
welchem der gotische Bibelübersetzer, der erste Luther,
gestorben war, d. h. während der Todeskämpfe
der Burgunden, Vandalen und Ostgoten oder der
Eroberungskriege der Angelsachsen, Franken und
Longobarden, scheint nichts in deutscher Sprache
geschrieben zu sein, und wir können auf ihren damaligen Zustand nur Schlüsse aus den Eigennamen
der in lateinischen Geschichtswerken vorkommenden
Stammverwandten ziehen.

Das erste, was uns ausserdem erhalten ist, sind die deutschen Übersetzungen einzelner Wörter in den Lehr- oder Übungsbüchern der Klosterschule zu St. Gallen aus dem 7. Jahrhunderte. Das 8. hat uns jedoch schon zusammenhängendere Texte geliefert, und wenn es auch immer und immer nur Verdeutschungen lateinischer Predigten, lateinischer Abhandlungen, lateinischer Hymnen und lateinischer Bibeltexte sind, so tritt doch in ihnen das Wesen der damaligen Sprache klar zu Tage, ja, kaum minder eigentümlich wie in dem wenigen, ursprünglich deutsch Verfassten, da jene Übersetzungen meistens früher entstanden sind und daher die älteren Sprachformen bieten.

Übrigens erscheint in diesem Jahrhunderte sowie immer deutlicher in den folgenden die Sprache der in ihren Ursitzen zurückgebliebenen Germanen nicht als eine und dieselbe, sondern als eine in viele Mundarten gespaltene, die sich wieder in drei grosse Gruppen der einander verwandtesten zusammenstellen lassen. Es sind die oberdeutsche, niederdeutsche und nordische. Das Gebiet der ersten reichte vom Südfusse der Alpen bis etwas über den Nordrand des westlichen Thüringer- und Habichtswaldes und weit den Rhein hinab, das der zweiten von diesen Punkten längs der Nordsee östlich von Dünkirchen bis ans Baltische Meer, ja, bald bis nach Britannien hinein, das der dritten erstreckte sich vom Dannewirke bis zum Eismeere. Zu der letzteren gehörte das Dänische, Schwedische, Isländische, zu der niederdeutschen das Sassische, Friesische, Vlämische und Angelsächsische; unter den Oberdeutschen konnte man, wie noch heute oder viel leichter als heute, Bajuwaren, Franken,

Schwaben, Alemannen, Burgunden, Hessen und Thüringer an ihrer Sprechart erkennen.

Das allen letztgenannten Stämmen Gemeinsame
fassen wir, der Geschichte vorgreifend, schon jetzt
unter dem Namen Hochdeutsch zusammen. Die erste,
schon vorhin erwähnte Gestaltung desselben nennen
wir Althochdeutsch (von 700 bis 1100), die zweite
Mittelhochdeutsch (von 1150 bis 1350), die dritte
Neuhochdeutsch (von 1530 bis jetzt).

Vergleicht man das Althochdeutsche in seiner
vollkommensten grammatischen Gliederung mit dem
Gotischen, so findet man, dass es sich mit demselben
weder an Reichtum der Formen noch an Tonfülle
messen kann. Stammt es doch auch nicht in gerader
Linie davon ab. Denn das Lautverschiebungsgesetz,
welches so treffend das Verhältnis aller arischen
Sprachen bezeichnet, hätte nicht in zwei bis drei
Jahrhunderten, sondern erst in Jahrtausenden durch
den Wechsel der Klimate und verschiedenartigsten
Wohnsitze die weiche Mundart Wulfilas so gewaltig
verändern können, dass daraus die konsonantisch so
harte Mundart des St. Galler Mönches Kero schon
vor Karl dem Grossen geworden wäre. Aber das
Gotische ist die Urahnin der vier niederdeutschen
Zungen, und dem Althochdeutschen liegt ein eigenes
Urhochdeutsch zu Grunde, was ebenfalls vollkommener
gewesen sein muss. Denn es verändert sich jede
Sprache ebensowohl aus sich heraus wie durch äussere
Einflüsse immerfort, und dieses darf man nie, wie die Un-
eingeweihten oft meinen, für eine Verbesserung halten; es
ist vielmehr stets eine Verkümmerung, die sich höchstens
und nur selten durch Beobachtung ihrer gründlich er-

forschten und richtig erkannten Gesetze verhüten oder
verzögern lässt.

Das Althochdeutsche hatte seine eigentümlichste
Gestalt, d. h. die einander am besten entsprechenden
Wortformen und zusammenstimmenden Töne, so weit
wir es kennen, im 8. und 9. Jahrhunderte. Damals
traten seine grammatischen Gesetze am klarsten hervor und wurden ziemlich allgemein befolgt, es war
also recht eigentlich die Sprache Karls des Grossen
und seines Geschlechtes und dennoch weit davon entfernt, schon damals die allgemeine deutsche Sprache
zu sein oder je zu werden. Vielmehr erkennt man
die harte Mundart der Ostschweiz in Keros Arbeiten
und denen der anderen Mönche von St. Gallen, während die Schule des Hrabanus Maurus in Fulda, zu
der auch Otfried von Weissenburg, ein geborener
Franke und der Übersetzer von Isidors Geburt des
Herrn, gehörte, ein weicheres Deutsch schrieb; ja,
vergleicht man ihnen Tatian und gar Notker, die
freilich nicht alle genau ihre Zeitgenossen waren, so
findet man ein und dasselbe Hauptwort auf vier verschiedene Weisen umgeendet (dekliniert). Dessen-
ungeachtet muss man ihrer aller Sprache, das Althochdeutsche, eine grammatisch fein gegliederte, reiche
und wohllautende nennen. Ihre Hauptwörter haben
noch 16, ihre Beiwörter noch 14 verschiedene Fall-
endungen gegenüber den 6 und 5 des Neuhochdeutschen, und es kommen statt des einzigen e's
desselben noch alle 5 Stimmlaute a, e, i, o, u, ja, noch
Zweisilbigkeit darin vor, wie iro, era, eru, ero und
ono. Das Verb besonders hatte reiche Abwechselung
des Tones und gestattete in starker und schwacher

Abwandlung noch sehr bestimmte Bezeichnung dessen, was man im Lateinischen Modus (Sprecharten, Sprechweisen) nennt. Den Indikativ der Gegenwart erkannte man, von der Einzahl abgesehen, an dem Selblaute *a*, der Vergangenheit am *u*, den Konjunktiv der Gegenwart am *e*, der Vergangenheit am *i*.

Das Vaterunser, wie es in fränkischer (althochdeutscher) Mundart lauten würde, möge hier als Sprachprobe des Althochdeutschen dienen (700 bis 800):

Fater unsar dër du pist (bist) in himilum Kawihit (gawihit) sî namo þin. Piqhucmê (biqueme) rihhi din. Wesâ din willo sama so in himile ist, sama in erdu. Pilipi gip uns cogawanna (lîp unseran emizzigon). Enti flaz (furlaz) uns unsero sculdi sama so wir flazzamês unsrêm scolôm enti ni princ (brinc) unsih inin chorunka (chorunga), ûzzan kanéri (ganéri) unsih fono allêm suntom.

Diese Sprache hatte, wie überhaupt das Deutsche, nur an den Karolingern Gönner und Beschützer. Es ist bekannt, dass Karl der Grosse sich die Mühe gab, für Lateinisches (als erster Sprachreiniger) Deutsches zu ersinnen, nämlich für die Namen der Monate und für die Striche der Windrose. Die letzteren *(ostroniwint, sundroni, westroni, nordroni* und *ostsundroni, sundostroni — sundwestroni, westsundroni — westnordroni, nordwestroni — nordostroni* und *ostnordroni)* sind längst vergessen, von den ersteren sind einige in den Alpenländern noch erhalten, sogar in den Südthälern des Monte Rosa.

Ludwig der Fromme soll die Abfassung des

herrlichsten deutschen Geisteswerkes jener Zeit sogar
in altsächsischer Sprache veranlasst haben, und Otfrid widmete seinen in fränkischem Althochdeutsche
geschriebenen Krist Ludwig dem Deutschen. Karl
der Grosse hatte auch zwölf deutsche Heldenlieder
sammeln und im Kloster auf der Insel Reichenau im
Bodensee niederlegen lassen, das sie im Jahre 821
noch besass. Sie sind aber spurlos verschwunden.
Vielleicht gehörte das Hildebrandslied dazu, wovon
ein Bruchstück auf zwei Seiten eines geistlichen Buches
aus dem Anfange des 9. Jahrhunderts steht, das sich
in Kassel befindet. Dasselbe ist stabreimend und
von einer Feinheit der Darstellung, dass, wenn die
anderen elf ihm geglichen haben, uns an ihnen ein
Schatz verloren gegangen ist, der unseren Ruhm
als des Hauptdichtervolkes im Mittelalter begründet
haben würde. Aber leider ist die zweite geschichtlich
bekannte Entwickelungsstufe unserer Sprache, die
letzte der vokalischen Vieltönigkeit ihrer Endungs-
silben — wodurch sie dem Italienischen an Wohllaut
nahekam —, vorübergegangen, ohne dass wir die
Früchte davon geerntet hätten. Das Ludwigslied aus
dem Jahre 881, etwa 120 bis 130 Zeilen lang, ist
nächst dem vorhin erwähnten Bruchstücke das bedeutendste dichterische Erzeugnis, das sich aus jener
Zeit erhalten hat.

Und dennoch haben sich im 7., 8., 9. und 10.
Jahrhunderte hochdeutsche Sprachveränderungen angebahnt und teilweise vollzogen, die bis in diese
Stunde noch gelten oder gar nachwirken. Die erste
derselben ist von Jakob Grimm Brechung genannt
worden. Sie besteht in der bleibenden Verwandelung

des *i*'s einer Wurzel in offenes *ë* und des *u*'s in *o*. Im
Gotischen war dieselbe schon dadurch eingeleitet, dass
sich *i* in *ai*, *u* in *au* umbildete. Aber da geschah es
durch ein auf die beiden Selblaute unmittelbar fol-
gendes *r*, *h* oder *w (hw)*, während es im Althochdeutschen durch ein in der auf die Wurzelsilbe
folgenden Silbe enthaltenes *a* bewirkt wird.

Die zweite, noch durch nichts im Gotischen an-
gedeutete, also ganz neue Veränderung der Sprache
ist der sogenannte Umlaut. Dieser wird durch ein *i*
der Ableitungssilbe hervorgebracht, welches beginnt,
das *a* der vorhergehenden Stammsilbe nach und nach
stets in *e* zu verwandeln. Später äussert das *i* seine
tonverändernde Kraft auch auf andere einfache und
Doppelselblaute aus.

Die dritte, schon im 10. Jahrhunderte vorkommende
neue Erscheinung in unserer Sprache ist die sogenannte
Schwächung, das heisst die verhängnisvolle Ersetzung
jedes Vokals in den Hauptworts-, Beiworts- und Zeit-
wortsendungen und den meisten sonstigen Bildungs-
silben durch das *e*.

Die vierte und letzte in jener Zeit entstandene
Neuerung ist der durch Otfrid von Weissenburg in
seiner Evangelienharmonie zuerst gebrauchte halb-
vokalische Reim am Ende der Verse statt des früheren
meistens konsonantischen und anlautenden Stabreimes,
der dann ausser im Hildebrandsliede nur in dem unter
dem Namen Muspili (Weltbrand, Weltuntergang)
herausgegebenen Gedichte noch vorkommt (800 bis
900).

Die erwähnten deutschen Heldenlieder, welche
Karl der Grosse umsonst bemüht war, der Nachwelt

zu erhalten, beweisen, dass bis zum Beginne des 9.
Jahrhunderts die dichterische Thätigkeit unserer Ahnen
nicht gering gewesen sein kann. Wie muss es daher
befremden, dass unter der ruhmreichen Regierung
der sächsischen und ersten fränkischen Kaiser, als
die prächtigen, von hoher Kunstbegabung zeugenden
Dome von Speier, Mainz, Worms und vieler anderen
Städte entstanden, bis zum 12. Jahrhunderte, also
in 300 Jahren, kein grosses deutsches Geisteswerk
in Worten hervorgebracht ist! Aber das rührt daher, dass sich zum zweitenmale — gerade wie früher
unter den ost- und westgotischen Königen — unser
Volk gar so sehr seiner selbst entäusserte, sich in so
verhängnisvoller Weise an das Fremde wegwarf, kurz,
dass sich alle seine begabtesten, auserlesensten Geister
verlateinerten. Die Gelehrsamkeit ward schon damals
Ursache zur Entdeutschung. In den vielen Klosterschulen, die nach dem Muster derer von Fulda und
St. Gallen entstanden (wie es die Proben der mannig-
fachen Thätigkeit in der letztgenannten beweisen),
pflegte man — von Otfrid abgesehen — das Deutschtum nicht seiner selbst willen, sondern bediente sich
desselben nur als des leider unvermeidlichen Mittels,
Latein zu lernen, welches ja die einzige oder die
amtliche Sprache in Staat und Kirche war, und zwar
in der letzteren, seit der heilige Bonifacius in ihr ein
Mittel zur Begründung der päpstlichen Gewalt erkannt
hatte. Alle Urkunden, alle Geschichtswerke des
Deutschen Reiches sind bis zum 12. Jahrhunderte niemals in deutscher Sprache, sondern lateinisch ab-
gefasst, wie einst von Jornandes (jetzt Jordanes genannt), so von Alcuin, Eginhard, Paul Warnefried,

Widukind. Theganus, Nithard, Walafried Strabo, Thietmar von Merseburg und Otto von Freisingen. Aus mehr als 30 Klöstern haben wir noch annales und vitas jener Zeit, keine Jahrbücher oder Lebensbeschreibungen, ja, Hrotsuita (Roswitha), die Äbtissin von Gandersheim, schrieb nicht nur Lustspiele in der Sprache des Terentius, sondern auch die Verherrlichung des Kaisers Ottos des Ersten, und die deutsche Sage von Walther von Aquitanien ist nur in vergilischen Worten und Versen auf uns gekommen.

Und wie hat dies auf das Althochdeutsche gewirkt? Nun, wie sich erwarten liess! Nie hat sich wohl irgend eine Sprache in so kurzer Zeit so sehr und so zu ihrem Nachteile verändert wie diese. Vor allen Dingen hat das, was wir Schwächung nannten (d. h. allmähliche Verwandlung aller *a*, *i*, *o*, *u* der Ableitungssilben in *e*), bald nach dem Jahre 900 dem prächtigen Klange des damaligen Hochdeutsches für immer ein Ende gemacht. Ausserdem stiess es Vokale ab und aus, liess die Endung *es* in der ersten Person der Mehrzahl der Zeitwörter weg und verwandelte dann das davor befindliche *m*, wie überall, in *n*. So ward eine einzige Form aus den vier Formen *wir heizamês* und *wir heizemes* (wir heizen), aus *wir hiazumes* und *wir hiazimes* (wir hiessen).

Die feinen grammatischen Unterschiede der Biegefälle des Haupt- und Beiwortes verwischten sich ebenso, und am Ende des 11. Jahrhunderts machte das Ganze einen unharmonischen, verworrenen Eindruck. Das hatte das Latein der Kirche, des Staates, der Klosterschulen und Geschichtschreiber zu stande gebracht.

Das Mittelhochdeutsche.

Im 12. Jahrhunderte, etwa um dessen Mitte, klärt sich die gleichsam aufgelöste Sprache wieder und kristallisiert sich von neuem in den Formen, deren Gesamtheit wir das Mittelhochdeutsche nennen. Sie erweist sich, trotzdem sie eine andere Stimme wie ihre Mutter hat, als deren leicht erkennbares Kind.

Die Grundzüge des Mittelhochdeutschen sind:

1. Das *a*, *i*, *o*, *u* erscheint in den Biegungssilben des Haupt-, Bei- und Zeitwortes fast gar nicht mehr und ebensowenig in den Umstandswörtern, allein das zweite hat noch *iu* im Nominative des weiblichen Geschlechts der Einzahl und im Nominative und Akkusative des sächlichen in der Mehrzahl. Beim letzteren unterscheidet sich auch noch vorteilhaft Nominativ und Akkusativ der Einzahl durch sein *z* vom *s* des Genitivs.

2. Der Umlaut, der im Althochdeutschen bloss erst das *a* ergriffen hatte, dehnt sich im Mittelhochdeutschen auch auf die übrigen dazu geeigneten Vokale (Stimmlaute) aus, denn wir sehen vor dem *i* oder dem *e*, das früher *i* war, sich *ô*, *o* in *oe*, *ö* —, *û*, *u* in *iu*, *ü* —, *uo* in *üe* und *ou* in *öu* verwandeln.

3. Beim Zeitworte haftet noch in dritter Person der Mehrzahl des Indikativ praesens das uralte *t*.

4. Bei den starken Verben steht statt des Althochdeutschen *i* für die zweite Person der Einzahl des Präterits im Indikative ein *e* in der Endung, dem in der Stammsilbe bei den Verben von fünf Ablautsreihen ein anderer Vokal vorhergeht wie in der ersten und dritten Person derselben Zahl.

5. Diesen Vokal hat dann stets, aber ohne Umlaut, die Mehrzahl des Präterits im Indikative und das ganze Präterit des Konjunktives wieder mit Umlaut.

6. Der sogenannte Rückumlaut besteht bei allen schwachen Verben der Konjugation, wo das *i* ausgefallen war, fort neben der umgelauteten Form des Präterits und Partizips.

7. Was das *e* (statt *a*, *i*, *o*, *u*) der Biegungssilben betrifft, welches bald starktonig, bald schwachtonig ist, so muss der Unterschied in der Aussprache beider Arten bestimmter hervorgetreten sein als jetzt, weil der damalige Versbau darauf beruhte. Jedenfalls ist das dunkle Bewusstsein von dem grammatischen Werte des in den Hauptwortsendungen enthaltenen *e*'s, d. h. das sogenannte Sprachgefühl, damals viel wirksamer gewesen, als es jetzt ist, da dieses *e* ganz unendlich selten aus- oder abgestossen wird. In 10 000 Versen Gottfrieds von Strassburg fehlt es nur zwei- oder dreimal des Reimes willen.

Durch die Beibehaltung des *e*'s in allen erlaubten Fällen erhält das Mittelhochdeutsche neben der verminderten Tonpracht eine wunderbare Weiche, welche fast jenen Mangel aufwiegt. Und dieser Reiz der damaligen Sprache ward von allen jenen Dichtern, welche sich in ihr unsterblich gemacht haben, noch dadurch erhöht, dass sie sich nie eines einzigen unreinen Reimes schuldig machten.

Das seinerzeit verbreitetste Lied Walthers von der Vogelweide möge als Sprachprobe der Zeit von 1200—1252, in welcher das Nibelungenlied, Gudrun, Tristan und Parzival entstanden sind, hier Platz finden.

Ir sult sprechen willekomen:
der iu maere bringet, daz bin ich
allez daz ir habt vernomen
daz ist gar ein wint: nû frâget mich
ich wil aber miete
wirt mîn lôn iht guot
sô sag' ich vil lîhte daz in sanfte tuot
seht, waz man mir êren biete.

Ich wil tiuschen frouwen sagen
solhiu maere daz sie deste baz
al der werlte suln behagen:
âne grôze miete tuon ich daz. —
waz wold' ich ze lône?
sie sint mir ze hêr:
sô bin ich gefüege und bite sie nihtes mêr
wan daz sie mich grüezen schône!

Ich hân lande vil gesehen
unde nam der besten gerne war
übel müeze mir geschehen
künde ich ie mîn herze bringen dar,
daz im wol gevallen
wolte fremeder site
nu waz hulfe mich, ob ich unrehte strite?
tiuschiu zuht gât vor in allen.

Von der Elbe unz an den Rîn
und her wider unz an der Unger lant
mugen wol die besten sîn,
die ich in der werlte hân erkant
kan ich rehte schouwen
guot gelâz und lîp
sam mir Got, so swüere ich wol daz hie diu wîp
bezzer sint d'ann' ander frouwen.

Tiusche man sint wolgezogen
rehte als engel sint diu wîp getân.
Swer sie schiltet, der 'st betrogen
ich enkan sîn anders niht verstân
tugent und reine minne
swer die suochen wil,
der sol komen in unser lant: da ist wünne vil
lange müeze ich leben dar inne!

Die deutsche Dichtung erreichte im Mittelhochdeutschen, so viel wir wissen, zum erstenmale das,
was wir Klassizität nennen, d. h. den klarsten Ausdruck der höchsten und tiefsten Gedanken und Ge-
fühle in unübertrefflich schöner Form. Dass unsere
Sprache trotz der Schädigung, welche die Bevorzugung
des Lateins in den 400 Jahren nach den Karolingern
im Gefolge hatte, so herrliche Blüten zu treiben ver-
mochte, ist ein Beweis für die ihr noch innewohnende
Lebenskraft.

So wie sie uns nun damals erscheint, ist es indes
noch lange nicht die unseres ganzen Vaterlandes, sondern nur die Verschmelzung der Mundarten des Südwestens, in welcher die Härten der Hochgebirgs-Laut-
verschiebung nicht mehr so vorwogen wie im Althochdeutschen, d. h. *b*, *g*, *d* häufiger und *p*, *k*, *t*,
namentlich *k*, etwas seltener geworden waren.

Alles schien sich dazu anzulassen, als sollte sie
so nun das Gemeingut aller unserer Volksstämme von
der Etsch oder Adria bis zum Belte, vom Monte Rosa
bis zur Schelde werden. Denn weit über ihr ur-
sprüngliches Gebiet hinaus ward sie vom Adel und
von Fürsten verstanden und gebraucht. Das darin
Verfasste entzückte den Hof der Babenberger zu
Wien nicht minder als den des Landgrafen von Thüringen in Eisenach. Der Herzog Heinrich von Bres-
lau bediente sich ihrer, um seinen Liebesschmerz zu
klagen, der Markgraf Otto von Brandenburg (dieser
wie jener im 13. Jahrhundert lebend), um die erhebende
und veredelnde Kraft reiner Liebe zu preisen, und beide
thaten es in so fehlerlosem Deutsch des Südwestens,
als hätte ihre Wiege am Bodensee und nicht an den

Havelseen und der Oder gestanden. Heinrich der Löwe
liess sich schon im 12. Jahrhunderte das Rolandslied
ins Mittelhochdeutsche übersetzen, obwohl sein Stamm-
land ebenso wie die Markgrafschaft des vorgenannten
Ottos (des Eidams Rudolfs von Habsburg) ausser
etwaigen Slawen von Niedersachsen bewohnt war.

Und doch ist das Mittelhochdeutsche jener Zeit
leider nicht die alleinige unerschütterte Grundlage
unserer heutigen Sprache. Denn es ward bald nach
seiner schönsten Gestaltung oder sagen wir lieber
mitten in derselben gestört und teilweise zertrümmert.
Doch geschah das bei solcher Kraft und Lebensfülle
deutscher Dichtung und Sprache nicht wie früher
hauptsächlich durch das Latein, da manche Gesetze,
wie der Schwabenspiegel, Urkunden, Geschichtsbücher,
wie die Kaiserchronik, und manches andere seit dem
12. Jahrhunderte schon deutsch geschrieben worden
waren, obwohl man amtlich und in der Kirche das
Latein immer noch viel mehr gebrauchte als das
Deutsche.

War das Einführen französischer Wörter durch
die höfischen Dichter, welche ihre Stoffe aus den
französischen Übersetzungen der keltischen Sagen entlehnten, auch nicht von so nachteiligen Folgen für
unsere Sprache begleitet wie in früherer Zeit die
Herrschaft des Lateins, so richtete es doch Schaden
an. Denn unter den 4710 Wörtern, welche z. B.
Gottfrieds von Strassburg Werke enthalten, sind 110
französisch, also etwa $2^{1}/_{3}$ auf 100. Von diesen sind
manche noch nicht wieder aus der deutschen Sprache
verschwunden. Einen eigentümlichen Eindruck macht
es, wenn ganze Zeilen der fremden Zunge bald mit

nachfolgender Übersetzung, bald ohne dieselbe im Texte vorkommen.

Aber der Möglichkeit, aus dem Mittelhochdeutschen die spätere neuhochdeutsche Schriftsprache werden zu sehen, stand damals weder das Latein noch das Französische sehr entgegen, sondern es ward durch die seit der Mitte des 13. Jahrhunderts eingetretenen traurigen inneren Zustände unseres Vaterlandes verhindert, welche auch der deutschen Dichtkunst so rasch ein Ende machten, und welche gar so lange gedauert haben. Denn da beginnt mit der kaiserlosen, der schrecklichen Zeit ein Abschnitt unserer Geschichte — so finster, so jammervoll trotz einzelner glänzender Lichtblicke, wie ihn kein anderes europäisches Volk (Polen etwa ausgenommen) je durchgemacht hat. Unaufhörlicher Kampf unter allen Ständen, Kaisern und Gegenkaisern, Fürsten, Adels- und Städteverbündeten, Aufstände der Zünfte, alles mit unerhörter Grausamkeit, Mord, Fehden und Räubereien der Ritter, die Hussitenkriege, Einfälle der Franzosen, Tataren, Ungarn und Türken in die Grenzprovinzen, so dass man vielleicht sagen kann: während mehr als zweier Jahrhunderte (1250 bis 1450) haben in Deutschland die Schwerter nicht einen Augenblick geruht, denn erst 1495 kam der so oft angestrebte Ewige Landfriede zu stande, der wenigstens den Kleinfehden und der Wegelagerei ein Ende machte, nachdem zu wiederholten Malen die Raubnester in Thüringen (66), Schwaben und am Rheine (70) zerstört und hunderte ihrer Besitzer gehenkt, geköpft oder erschlagen worden waren.

Was konnte in dieser Zeit des Faustrechts aus

der Dichtung werden? Als Rudolf von Habsburg
zum Kaiser gewählt worden war, hofften ritterliche
Sänger und Meister des Vortrages, wie unter den
Babenbergern, auch bei ihm Ehre und Unterhalt zu
finden, aber es fehlte ihm jeder Sinn für ihre Kunst,
und sie mussten von Wien wieder abziehen. Und
seit der Landgraf Hermann gestorben war und die
heilige Elisabeth nebst ihrem Beichtvater, dem lüsternen
Ketzerverbrenner, auf der Wartburg massgebend wurden,
war dort auch keine Heimat mehr für sie. Sie zer-
streuten sich, starben aus oder betrieben, wenn sie
eine Burg besassen, Strassenraub statt Verse zu machen,
und bald gab es nur noch wenige adelige Minne-
singer (Hugo von Montfort, 1357 bis 1423, Oswald
von Wolkenstein, 1363 bis 1445).

Das gesamte deutsche Schriftentum geriet seitdem
viel mehr als zuvor in die Hände des Bürgerstandes,
was der Prosa jedenfalls förderlicher war als der
Dichtung, die bei den beschränkten Lebensanschauungen
der Meister des Handwerks weniger gedeihen konnte
als bei den auf den Höhen der Menschheit stehenden
Fürsten und Herren.

Dieser Wandel machte sich nicht nur in der Abnahme der dichterischen Schöpfungskraft bemerkbar,
sondern auch in der Sprache. Anfänglich hielt sich
dieselbe westlich des Böhmer Waldes noch unverändert
als das reine Mittelhochdeutsch, aber schon vor dem
Anfange des 14. Jahrhunderts machten sich die Mundarten des übrigen Deutschlands geltend, und, wie
dieses, zersplitterte auch unsere Sprache.

Die auf uns gekommenen Werke jener Zeit
gleichen sich weder in ihren lautlichen noch in ihren

grammatischen Verhältnissen, noch in ihrem Wortschatze völlig und zeigen alle, dem Mittelhochdeutschen des 12. und 13. Jahrhunderts gegenüber, eine Verkümmerung und Verhässlichung, die man nach solcher Kraft und Schönheit in so kurzer Zeit nicht hätte erwarten sollen.

Ein Gedicht über die heilige Elisabeth, das noch im 13. Jahrhunderte geschrieben ist, enthält in 200 kurzen Reimzeilen 30mal *d* statt *t*, was wohl thüringisch oder meissenisch ist. Tauler, der 1290 geboren ward und vielleicht 1315 oder 1318 zu predigen begann, verrät sich als Strassburger durch sein *o* statt *a*, ebenso Sebastian Brant (1458 bis 1520), als Schweizer Halbsuter durch *thon* statt *gethan*.

Geradezu entsetzlich sind aber die Aus- und Abstossungen des schwachtonigen *e*'s, wodurch der Wohlklang und die Grammatik gleich sehr leiden; am Schlusse der Wörter kommt es fast gar nicht mehr vor. Schon im 13. Jahrhunderte sagt Hugo von Trimberg *der selb*, *fleischs*, Frauenlob *milt* (für *milde*), *des richs*. Ottokar von Horneck (1300 bis 1317) strotzt von Härten: *mit den selben ding* (statt *dingen*), *er wart des ernst* (statt *ernstes*) *gewar*. Die Schweizer Mundart geht noch weiter. In Halbsuters Liede von der Schlacht bei Sempach (1386) finden wir: *in d'linden er g'nistet hat*, *z'morgen*, *man hett inn g'fangen gnon* (genommen).

Diese Verstümmelungen waren besonders dort zu bedauern, wo sie nicht bloss Verminderung des Wohllautes bewirkten, sondern auch grammatische Formen zerstörten; aber ausserdem entstand zugleich damit ein Missverhältnis vieler Sprachgesetze und in-

folgedessen falsche Bildung der Wortformen und Verwechselung derselben untereinander.

Beim Hauptworte verschwand das Gefühl für
den Unterschied des Dativs vom Akkusative durch
das beinahe ausnahmslose Abstossen des *e*'s und führte
die Verwechselung desselben auch bei den Fürwörtern
herbei, die noch besondere Formen dafür hatten,
sowohl bei ganzen deutschen Volksstämmen wie bei
vielen einzelnen Personen aller Stämme.

Ebenso schädlich erwies sich die Abstossung des
e's (althochdeutsch *a*) im Plurale (z. B. bei *hund, tag,
fisch*), der ohne Angabe als solcher nicht mehr zu
erkennen ist (der alte Genitiv der Mehrzahl von *ding*
ist es ebensowenig: *vil alter ding'* [„Passionale aller
Heiligen“, 1440]).

Unerhört und gottlob jetzt noch nicht wieder
möglich ist die damals vereinzelt auftauchende Ab-
werfung des Dativ-*n*'s der Mehrzahl.

Ausser in der schon angedeuteten Weise zersetzte
die Grammatik sich auch an und für sich, seitdem
die frühere Berührung von Dichtern und Vortrags-
künstlern an den Fürstenhöfen, wo sich die Gegen-
sätze der Mundarten etwas ausgleichen und das allen
Gemeinsame zum Bewusstsein der Hauptvertreter
unseres Schriftentumes kommen konnte, aufgehört hatte.

Hier seien nur die das Grundwesen des Zeitwortes betreffenden Veränderungen erwähnt, durch
welche aus dem Mittelhochdeutschen eine andere
Sprache entstand. In dem Verb zeichnete sich die
dritte Person der Mehrheit im Präsens des Indikatives
durch ein *t* hinter dem *n* vor denselben Personen der
einfachen Zeiten des Indikatives und des Konjunktives

aus, die es nicht haben *(sie sprächent, sie sprächen, daz sie sprechen, daz sie spraechen).*

Schon vor 1300 finden wir, dass dieses *t* auch in die drei Zeiten eindringt, die es früher nie hatten, und zwar in dem Gedichte „Die Kintheit Jesu" von Konrad von Füssesbrunnen. Er hat *Si kament* und noch fünfmal diese falsche Form in 56 Versen neben zwei richtigen. Nach 1300 und bis 1500 findet sie sich stehend bei fast allen Schriftstellern.

Ein anderer Fehler, der im Gebrauche dieses unglücklichen *nt* vorkommt, ist, dass es schon im klassischen Mittelhochdeutsche Hartmanns von Ouwe als Endung der zweiten Person des Plurals und später bei anderen gar als die der ersten dienen muss *(da sprächent wir).* Das heutige *wir sind* ist ein letzter Widerhall jenes Fehlers, denn *sie sind* (eigentlich *sint*) ist zwar richtig, aber statt *wir sint* müsste *wir sin* oder *wir sein* gesagt werden.

Des Wirrwarrs war auch so noch nicht genug. In Veit Webers Siegesliede von Murten finden wir sogar: *nun glouben mir* statt *gloubet mir*, in einer Predigt: *nu sehen an sîn füeze, sie sint mit naglen durchbôrt* statt *sehet*, im Meistergesang vom ernsten König Eginhart *nun denken* statt *denket*.

Endlich findet sich der heutige Stand der Sprache, das heisst Weglassung des *t* da, wo es im Mittelhochdeutschen noch hingehörte, nicht nur bei den letzten Schriftstellern des 15. Jahrhunderts, sondern schon bei Hermann von Fritzlar, also in Hessen mehr als ein Jahrhundert früher.

Eine zweite Verkümmerung findet sich im Präterit des Indikatives der starken Verben. Diese endigten

sich in der zweiten Person des Singulars nicht wie
jetzt, sondern auf *e*, und diesem ging der Vokal des
Plurals derselben Zeit meist umgelautet vorher, ganz
wie es sich aus dem Althochdeutschen in regelrechter
Weise ergeben hatte. Also *ich sprach, du spraeche,
er sprach.* Dies finden wir noch im Traugemundes-
liede (14. Jahrhundert): *Willekome varender man,
Wo laege du hinaht* oder *womitte waere du bedaht*
(im Schwabenspiegel: *Got, durch dîne milte geschüefe
du den menschen*, im 13. Jahrhunderte nicht zu ver-
wundern). Diese Person endigt sich im 15. Jahrhunderte auf *est* und ist seitdem ohne vorhergehenden Umlaut. In der Legende von der heiligen Crescentia
lesen wir zuerst: *du namest*, und in der Moerin Hermanns von Sachsenheim (1453 verfasst): *du gabest*
statt der früheren Formen: *du naeme* und *du gaebe.*

Dafür ward das auslautende *e* der zweiten Person
an die erste und dritte Person der Einzahl gehängt.
So lesen wir schon vor 1500: *er betroge* (statt *er
betrouc*), *ich flohe* (statt *ich flôch*), *man aze*, sogar
er spraeche statt *er sprache*; 1486: *als er ritte, als
er käme*, eine Missbildung, die sich anfänglich ins Neuhochdeutsche übertrug, aber jetzt wieder abgestorben ist.

Bei Veit Webers Sieg bei Murten (1476): *ein
groze schâr luff in den see* ist schon eine Verwechselung der Ablautsreihen *ou, ie, ou* und *a, uo, a.*

Graf Hugo von Montfort gebraucht gar im Jahre
1400 ein Mittelwort starker Biege bei einem schwachen
Verb. Er sagt: *Du hast mir das herz abtrünnig
gemachen.*

Wunderlich nimmt sich ein Anhängen des beinahe
verschwundenen *e*'s am Ende von Wörtern und in

einem Biegefalle (Casus) aus, wo es früher nie war,
doch findet man das nur bei Kaspar von der Rhön:
dissen sprunge den lêret dich kein weip, und bei dem
öfters genannten Mitkämpfer Veit Weber bei Murten:
durch einen grünen walde, sie hatten mannes muote,
Menglich gedacht in sinen sinn, wie man den her-
zogen von Burgynn wolt legen in rotes blute. Ein
Zeichen, wie die Dativbedeutung dieses Buchstabens,
der hier dem Reime zu liebe hinzugefügt wird, ganz
aus dem Sprachbewusstsein verschwunden war.

Um diesen Wirrwarr noch zu steigern, beginnt
abermals die unheilvolle Einwirkung des Lateinischen,
nachdem es, wenigstens seit Rudolf von Habsburg,
in der inneren Verwaltung Deutschlands als Amtssprache nach und nach fast verschwunden war. Aber
nun war weder Staat noch Kirche daran schuld,
sondern die an Wahnwitz streifende Begeisterung der
Gelehrten und Schulmeister für die heidnischen Klas-
siker. Ein Beispiel, wie das Latein damals das
Deutsche zu verderben drohte und bei den Kennern
des ersteren wirklich verdarb, ist die Übersetzung
eines Berichtes über die Verbrennung des Hieronymus
von Prag auf dem Konzile zu Konstanz vom Esslinger
Stadtschreiber Niklas von Weyl für den Grafen Eber-
hard im Barte von Württemberg (zwischen 1482 und
1495). Wir führen eine Stelle daraus an, wie deren
das ganze vertrackte Schriftstück viele enthält: *Ich*
sagen muss, mich nie einen menschen gesehen han,
der — So hat man weder vor Herrn Niklas noch
nach ihm je irgendwo Deutsch gesprochen.

Aber an allen diesen Schädigungen der damaligen
Sprache war es noch nicht genug. Das Schwerste,

8

was über sie erging, und wodurch sie fast ganz und
gar das zu sein aufhörte, was sie gewesen war, ist
die abermalige Umwandelung dreier ihrer vokalischen
Klänge in den Stammsilben, und zwar des langen *i*'s
in *ei*, des langen *u*'s in *au*, des langen *iu*'s in *eu*. Diese
soll schon um 1200 im Südosten Deutschlands, also
in Niederösterreich und Steiermark, begonnen haben,
als im Westen des Böhmer Waldes und Grossglockners
das Mittelhochdeutsche gerade in seiner höchsten
Formenfeinheit sowie in unzweifelhaftester Tonreinheit
und -Einheit dastand. Seit jener Zeit rückt diese
Veränderung allmählich immer weiter gegen Westen
vor, und da sie nicht wie Brechung und Umlaut der
vorhergehenden fünf Jahrhunderte aus dem inneren
Leben der Worte erwächst, so muss man sie als einen
Kampf der Mundarten ansehen, in welchem die in
der Nähe der Slawen und Magyaren wohnenden Deutschen mit ihren breiten Doppellauten *ei*, *au*, *eu* über
das *i*, *u* und *iu* des Mittelhochdeutschen endlich völlig
siegen. Urkunden aus der Zeit vor 1300 stehen uns
für diese Erscheinung nicht zu Gebote, aber der Ab-
druck einer Grazer Handschrift aus den ersten Jahrzehnten nach 1300 enthält ein Sprichwort, welches
die drei betreffenden neuen Klänge sämtlich als damals
dort geltende bestätigt: *Swen die chatz auskumt, so
reichsent die mäus.* Das hiess damals am Oberrheine:
Swenne diu katze ûzkumet, so rîchesent die miuse.
Aber Ottokar von Horneck, der auch ein Steirer war,
hat, obgleich seine Reimchronik zwischen 1300 und
1317 verfasst wurde, durchweg nur die drei alten,
echt mittelhochdeutschen Laute *i*, *u*, *iu*. Diese erhielten sich am längsten in den südwestlichsten Gauen,

also im Elsasse, in der Schweiz, im Breisgau, in Süd-
schwaben und Hessen (Tauler, 1290—1361, Kanzel-
redner zu Strassburg; Heinrich Suso, 1300—1365,
Konstanz-Ulm; Boner [Edelstein], 1350—1400, Mönch
zu Bern; Selphart, Breisgau; Halbsuter, 1386, Luzern;
Jakob von Königshofen, 1300—1400, Strassburg;
Stadtschreiber von Freiburg im Breisgau, 1388; Hans
von Bühel, 1410; Veit Weber, 1476, Murten; Teich-
ner [Crescentia]; Sebastian Brant, 1458—1520,
Stadtsyndikus und kaiserlicher Kanzler zu Strassburg;
Tübinger Passionale aller Heiligen, 1458).

Dagegen finden wir mit den neuen Lauten geschrieben: Gedicht auf die Schlacht bei Sempach von
Peter Suchenwirt, Österreicher, 1386; der Pfaffe von
Kalenberg von Philipp Frankfurter; Hugo von Montfort, 1357—1423 (ein Sohn oder Enkel von ihm begleitete den erwählten König der Deutschen, Maximilian den Ersten, auf seiner Brautfahrt zu Maria
von Burgund 1477); Lieder von Oswald von Wolkenstein, Tirol, 1367—1445; die Moerin Hermanns von
Sachsenheim, verfasst 1453; Meistergesang von Michael
Behamer, 1416—1475; Weinsegen von Hans Rosen-
blüt, 1450; Osterspiel; Meistergesang vom ernsten
König Eginhart, 1400 (?); Kaspar von der Rhön,
der Vater mit dem Sohn; Niklas von Weyl, Esslingen;
Steinhövels Aesop.

Sehr auffällig wird dem Ohre der Unterschied
der südöstlichen und südwestlichen Mundart, wenn
man die beiden gelegentlich der Schlacht bei Sempach 1386 verfassten Gedichte eines Österreichers
(Suchenwirt) und eines Schweizers (Halbsuter aus
Luzern) liest, in welchen der erstere den Tod seines

Herrn beklagt und der andere ob des Sieges der Seinigen jubelt. In den 80 Versen des Klageliedes Suchenwirts kommt achtzehnmale der Laut *ci* fast immer starktonig vor und in ebensoviel Versen des Jubelliedes Halbsuters ausser dem ganz tonlosen unbestimmten Artikel ein nur ein einzigesmal in dem Worte Eidgenossen.

Das Verdrängen der westlichen Laute durch die östlichen muss in den österreichischen Staaten und in Böhmen sehr rasch vor sich gegangen sein. Im Jahre 1309 beendete Ottokar von Horneck seine noch ganz rein mittelhochdeutsch geschriebene Chronik in Graz, und 1350 sollen in Prag, wo damals seit drei Jahren Kaiser Karl der Vierte Hof hielt, die neuen Laute schon geherrscht haben. Ganz gewiss war dies, wie wir uns überzeugt haben, 1363 am 27. März in der jetzt vorherrschend italienischen, damals überwiegend deutschen Stadt Trient der Fall, denn das in derselben an besagtem Tage vollendete Gesetzbuch gleicht in seinen Vokalklängen nicht mehr allen denen, welche 130 Jahre früher die nur 6 bis 8 deutsche Meilen nördlicher verfassten Lieder Walthers von der Vogelweide enthielten.

In Schlesien und Obersachsen änderte sich die Sprache ebenso 1450, in Schwaben 1490, dann in Bayern und Ostfranken, wenig später am Untermaine und Mittelrheine.

Die Schweiz nahm die neuen Laute in Schrift und Druck (Bibel) erst zwischen 1585 und 1675 an (Basler Kanzlei 1585, Schaffhausen 1600, Züricher und Berner 1650—1675), behielt aber in der Rede die alte Mundart selbst in den protestantischen Kantonen bei, obgleich dadurch früher das Marburger

Religionsgespräch zwischen Luther und Zwingli so sehr erschwert worden war, dass Luther über des letzteren Deutsch zu der Bemerkung veranlasst wurde: Einer möcht schwitzen, ehe er's versteht.

In der Beschreibung des Herganges bei der Wahl Maximilians in der Bartholomäuskirche zu Frankfurt a. M. 1486 kommt nur einmal *seine* und einmal *Weihe* neben *Wihebischof* und das Wort *zeugniss* statt *ziugnisse* vor; alles andere (es sind 21 Fälle) hat die alten Vokale. Der Schriftführer des Protokolles war daher wahrscheinlich in Frankfurt a. M. oder dessen Nähe geboren. Dagegen kommen in allen acht anderen auf die Wahl bezüglichen Urkunden (also in der Berufung aller Reichsunmittelbaren zu der Vorversammlung durch Kaiser Friedrich den Dritten, in der Einladung der Kurfürsten zur Wahl selbst durch den Erzbischof von Mainz sowie in der vorherigen Beeidigung derselben, unter den bei der Wahl zu gebrauchenden Worten und in den sonstigen Schriftstücken) nur die neuen Doppellaute vor.

Ebenso ist es in den im Jahre 1489 zwischen dem Kurfürsten von Sachsen und dem Könige von Böhmen wegen des Ausschlusses des letzteren von der Mitwirkung bei der Kaiserwahl gewechselten Briefen. Derselbe erklärt sich unter Anwendung der Laute *ei*, *au*, *eu* des Ostens damit zufrieden, dass ihm von Reichs wegen ein Strafgeld von 500 Mark lötigen Goldes bezahlt werde.

Aber woher kommt nun die Unwiderstehlichkeit dieser drei Laute? Da die habsburgischen wie die luxemburgischen Kaiser sie in ihren Erlassen gebrauchten, so nahmen sie auch andere Fürsten und

viele Reichsstädte in ihren Kanzleien an, und sie
wurden dadurch ein Kennzeichen der Verwaltungssprache Deutschlands. Mit dieser hatten doch viele
die Pflicht, sich bekannt zu machen, viele sogar
die, darin manches zu schreiben, was beides zur An-
nahme derselben in immer weiteren Kreisen beitrug.
Da Kaiser Maximilian für eine verständige Schreibung
derselben sorgen und nicht nur eine Heiligenlegende
übersetzen liess, sondern auch die Widmung der Verdeutschungen der Werke Cäsars, Livius' und der Aeneis
Vergils annahm, so schien es, als würde die von ihm
in jeder Weise geförderte Sprachform dereinst die
aller anderen deutschen Stämme verdrängen.

Das Neuhochdeutsche.

Aber das geschah doch nicht. Denn blieb die
Kanzleisprache auch Grundlage des Deutsches der
Zukunft, so konnte sie wegen ihrer Beschränkung auf
Rechtspflege, Regierung und Verwaltung den Aufbau
desselben weder bis in seine höchsten Höhen noch in
seiner Gesamtheit vollbringen. Das gelang erst durch
die Reformation, und zwar vor allen durch Luther.
Seine fromme Begeisterung liess ihn den Ausdruck
für die hehrsten und heiligsten Gedanken seines Volkes
wiederfinden, welche seit dem Untergange des Mittelhochdeutschen völlig zu fehlen schienen. Seine Schriften,
seine Reden, aber vor allem seine Bibel wurden das
Muster des deutschen Stiles. Freunde und Feinde
bewunderten seine Sprache. Schon 1580 schrieb
Claius eine Grammatik derselben (natürlich lateinisch),
welche 1595 im Jesuitenkolleg zu München gebraucht
ward. Und obgleich sich später die katholische

Geistlichkeit noch bis 1779 gegen Luthers Redeweise
sträubte, so ist diese heute doch die aller Bekenntnisse und alles Gedankenlebens von der Maas bis an
die Memel, von der Etsch bis an den Belt geworden.
Denn nicht nur besiegte Luthers Deutsch alle anderen
oberdeutschen Mundarten, sondern das weiche und
doch kräftige Niederdeutsch verzichtete demselben
gegenüber sogar auf sein eigenes Fortbestehen. Ein
Wunder sondergleichen! Denn ein Dritteil der Bewohner unseres Vaterlandes waren Niederdeutsche.
Allerdings hatten schon vor Luther die früher niederdeutschen Ortschaften Merseburg, Halle, Mansfeld
die Thüringer Mundart angenommen, auch in Witten-
berg (hochdeutsch eigentlich Weissenberg) hatte sie
schon zu seiner Zeit das Übergewicht. Aber das
bewusste und willige Aufgeben des Niederdeutschen
als Schriftsprache ward in dessen Heimat vor allem
durch die Reformation bewirkt, weil den dort die
überwiegende Mehrheit ihrer begeistertsten Anhänger
bildenden Norddeutschen Luthers Bibelsprache heiliger
erschien als jedes in der Wiege vom süssen Mutter-
munde gelernte Wort.

Und das geschah, obgleich das Neue Testament
seit 1522 15 niederdeutsche Ausgaben erlebt hatte
und die gesamte Bibel auch oft niederdeutsch erschienen war. Aber zwischen 1615 und 1631 wurden
die letzten Bibeln in der schönen Mundart gedruckt,
und zwar zu Lübeck, Hamburg und Goslar. Auf
der Kanzel verstummt sie zu Flensburg 1600, in der
Albanykirche zu Göttingen 1630, zu Kolberg (in
Pommern) 1649, 103 Jahre nach Luthers Tode.

Die behördlichen Kanzleien nahmen die neuere

Schriftsprache im deutschen Norden alle zwischen 1530 und 1604 an, Königsberg zuerst, Pommern zuletzt. Das alles hatte Luther bewirkt, und anfangs ganz ahnungslos, da er selbst oft über die grosse Ungelenkigkeit des Deutschen oder vielmehr über seine Ungeschicklichkeit darin klagte.

Etwas über Luthers Sprache

nach einer Bibel vom Jahre 1794, also schon stark umgemodelt, und einer Psalmenauslegung, zu Magdeburg 1550 gedruckt.

1. Als Kind niederdeutscher Eltern mied er, vielleicht unbewusst, häufiger als die meisten Oberdeutschen, die Abstossung des schwachtonigen Schluss-*e*'s, obgleich nicht immer (*mit nichte*, *zum troste*, *am Eingange*, aber auch *im Anfang*'. Vgl. die Härten in Melanchthons Abhandlung über die Notwehr).

2. Thüringischer Einfluss, Verwechselung harter und weicher Mitlauter (*plind* und *blind*; *all meine gepeyn*' *seind erschrocken).*

3. Im Magdeburger Texte von 1550 südwestliche Form:

a. *liedlin, wörtlin, stucklin,* sonst *vleiz* (nicht *i*), aber *mein* und *ein männlein und ein vräulein* (also südwestlicher Einfluss).

b. Desgleichen noch mittelhochdeutsche Formen der schwachen weiblichen Deklination: *du zeuchst eine kappen an* (Akkusativ); *geboren von Maria der jungfrawen* (Dativ).

c. Desgleichen mittelhochdeutsch *denn* statt *als* durchweg noch in der Bibel.

d. Desgleichen mittelhochdeutscher Dativ des drei-
geschlechtigen Pronoms für das Reflexiv: *die heiden,
die das gesetz nicht haben und doch von natur thun
des gesetzes werke, sind inen selbst ein gesetz.*

e. Die strenge Form des Genitivs in der Apposition: *die amtskleider des priesters Aaron.*

f. Mittelhochdeutsch: *zween ringe, zwo ketten,
zwei enden.*

g. *vast* = sehr.

h. Das *e* der zweiten Person Sing. Praet. des
mittelhochdeutschen starken Verbs wird auch von
Luther der ersten und dritten fälschlich angehängt:
ich zoge, Gott sahe, er flohe, es geschahe, er stritte,
doch *du schlugest.*

i. Den Vokalwechsel zwischen Singular und Plural
der Vergangenheit bei den starken ablautenden Verben
beobachtet Luther noch oft nach mittelhochdeutscher
Weise, aber wir finden auch: *sie tranken, wir fanden*
neben *sie wurfen ihn in eine grube;* die Ägypter
zwangen, aber trotzdem auch: *sie drungen,* und Konjunktiv: *sie drüngen;* desgleichen: *dasz wir garben
bünden; ich habe ausgesandt, dir anzusagen, dasz ich
gnade vor deinen augen fünde.* In der Ablauts-
reihe des Mittelhochdeutschen *î, ei, i — i* hat Luther
noch das alte *ei, ich* und *er schreib, treib, bleib, steig,
schrei,* während man in Bayern schon *schrib, trib, stig,
schri* sagte. Im Mittelhochdeutschen: *ich schreip, du
schribe, er schreip, wir schriben;* Ptc.: *geschriben.*

k. In der Bibel: *stand, standen* schon falsch oder
neuhochdeutsch, aber noch Konjunktiv *stünde;* noch
richtig: *ich ward, er ward,* niemals das falsche *ich,
er wurde.*

1. Alte Formen: *er buk, mich dauchte, wir bünden garben.*

m. 1550: *verdreuzt, du zeuchst.*

n. *et, ete* in *beraubet* (Ptc.), *er forschete, eilete, weinete, küssete* (vgl. *kuste*); *ich spannete; sie führeten; er wohnete, bauete, mehrete; sie säugete; sie seufzeten; er jagete, stellete.*

4. Luther sprach gewiss auch noch *st* und *sp*, wie es im Nordwesten gesprochen wird; das *s* im alten *sch, sw, sl, sm* war damals schon nach Art der slawischen Sprachen im Zerfliessen begriffen, *st* und *sp* noch nicht; diesem Umstande verdanken wir den Widerspruch der heutigen Schreibung und Aussprache.

Aber während das heutige Neuhochdeutsch sich zur allgemeinen Schriftsprache aus Luthers Redeweise heranbildete und noch nicht einmal völlig feststand, da wirkte der endlichen Erreichung dieses augenscheinlich noch vielen unklaren, aber schönen Zieles der Eifer der Humanisten in der Aneignung des klassischen Lateins und des Griechischen, wenn auch nicht gerade absichtlich, wieder entgegen, und zwar durch die Geringschätzung der Muttersprache bei den meisten. Ausserdem verdarben sie dieselbe gründlich durch abermalige Einführung von unzähligen lateinischen Wörtern, welche schon Simon Rote 1571 veranlasste, das erste Fremdwörterbuch herauszugeben, welches deren an 2000 enthielt.

Hatten viele von diesen die Kanzleien verschuldet, so fügten nicht nur die Universitäten, sondern sogar die Gymnasien nun noch mehr hinzu. Während Luther in seinen späteren Lebensjahren die Fremdwörter mehr und mehr meidet und *segnen, Thor* und *Himmel*

sagt statt *benedeien, Pforte* und *Firmament* (auch die
Veste), werden die armen Jungen im Gymnasium
bestraft, wenn sie Deutsch und nicht Latein sprechen.
Wie früher die katholische Kirche die deutschen
Taufnamen abschaffte, so führten die Humanisten jetzt
einen Vernichtungskrieg gegen die deutschen Familiennamen. Die Schulrektoren verlateinerten und ver-
griechelten ohne weiteres diejenigen ihrer Schüler,
und die ernstesten Männer hatten die Albernheit, sie
dann lebenslang zu führen. Man denke nur an Me-
lanchthon, den wir bis auf den heutigen Tag nie mit
seinem wahren, beiläufig gesagt falsch übersetzten
Namen Schwarzert nennen, an Agricola (Baumann),
Oecolampadius (Hausschein) und andere!

Welchen Einfluss es auf die deutsche Sprache
haben musste, wenn alle begabten Geister unseres
Volkes ausschliesslich sich bestrebten, eine fremde,
ja tote Sprache schön zu schreiben, dafür ist Ulrich
von Hutten der beste Beleg, denn sein Latein ist
ganz besonders leicht und fliessend, aber sein Deutsch
so hässlich und holperig, dass man es dem feurigen,
geistreichen Manne kaum zutrauen kann.

Noch wirkte der Zauber des altklassischen
Schriftentumes zum Schaden der deutschen Sprache
vorläufig fort, als gegen das Ende des 16. Jahrhunderts sich auch, aber wie ein Giftstoff, das Französische in dieselbe hineinfrass, und diesen haben wir
trotz Lessings, Goethes und Schillers Werken und den
Ereignissen der Jahre 1813, 1815 und 1870—71 noch
nicht wieder aus dem Sprachkörper ausgeschieden,
ja, er dringt tiefer und tiefer und macht vorerst noch, wie
es scheint, alle Versuche zu Schanden, diesen zu heilen.

Eine Probe des Kanzleistiles aus dem Anfange des 18. Jahrhunderts (Weimar, 10. April 1718), möge hier eine Stelle finden:

Widmung

des Heil. Römischen Reichs. Teutscher Nation. Reichtags theatrum. wie selbiges unter Kaiser Maximilians I. Regierung gestand. `

von. J. J. Mullern. fürstl. Sächs. Geheimen und Lehnsekretario wie auch Archivario zu Weimar. — Jena 1718.

An Bernhard von Zech, königl. polnischen u. churfürstl. Sächsischen würklichen Etats Ministern u. Geh. Rath.

Das Unternehmen, da (das?) zu Euer hochwohlgebornen Excellenz der erste theil von gegenwärtigem Reichstags-theatro Maximileaneo mit einer devotesten Zuschrift in Unterthänigkeit sich nahet, hat zum Fundament eine ganz besondere Ursach, welche sich von anderen Bewegnissen zu Dedicationen verhoffentlich zur Gnüge distinguiret. Es wollen Euer hochwohlgeborne Excellenz in gnädiges Andenken ziehen, was gestalt, als (ich) Deroselben mit einem Exemplar, der von mir anno 1705 durch den Druck publicirten Historie von der Evangelischen Stände Protestation und Appellation, wie auch Augspurgischen Confession gehorsamst aufwartete, und in der Vorrede angeführet hatte, wie ich im Begriff wäre, alles, was ad statum & Ceremonialia Comitiorum gehörig, aus den allhier vorhandenen Reichstags-Actis zu collègiren und solches nachgehends systematicé in Ordnung zu bringen und auch endlich

*das ganze Opus der Reipublicae litterariae durch
den Druck zu communiciren, Euer hochwohlgeborne
Excellenz in Dero gnädigen Antwort sich dahin ver-
nehmen liessen, dass wenn ich per Comitia gehen,
und die in dem hiesigen fürstlichen Archiv vorhandene
pièces mit einer perpetua connexione dem Publico
communiciren wollte, ich einen nutzbaren laborem
übernehmen würde. Sothanen auf Beförderung des
Publici angesehenen Anrath habe (ich) mit allem
unterthänigen Respect sofort veneriret und mich entschlossen, mein voriges nur auf statum & Ceremonialia Comitiorum gerichtetes Propos zu ändern etc.*

Wir haben uns das Französische nach dem 30-
jährigen Kriege als alleinige Sprache der Diplomatie
aufzwingen lassen; es herrschte anderthalbhundert
Jahre an unseren Höfen, bei unserem Adel und noch
länger in unserem Heerwesen. Obschon dies jetzt
zum Teile anders geworden ist, so trägt das Französische noch immer am meisten zur Einführung neuer
Fremdwörter bei, was aber jetzt nicht durch Staat
und Kirche, sondern durch den Roman der Gegenwart, die Gesellschaften des Geldadels und vor allem
durch die Zeitungen geschieht. Denn die geistigen
Urheber der letzteren haben keine Zeit, ihren Stil zu
feilen oder sich beim Übersetzen lange zu bedenken.
Übrigens versündigen sich die Vertreter der Wissenschaft auch noch immer arg an der deutschen Sprache.
Wir wollen die Gründe des Fremdwörtergebrauches,
unter denen die Eitelkeit der Halbwisser, die gern
als grosse Sprachkenner erscheinen möchten, noch
nicht der schlimmste ist, hier nicht aufzählen, sondern

lieber zeigen, wohin es durch dies sinnlose Treiben
mit dem Deutsch gekommen ist.

Es ist schon der Mehrzahl unseres Volkes, besonders allen Frauen und allen Männern, die nicht
eigentliche Gelehrte sind und sechs Sprachen gelernt
haben, mehr oder weniger unverständlich und wird
dadurch das Haupthindernis allgemeiner Bildung, wird
eine Scheidewand, welche den Geistesadel Deutschlands von seinen Volksgenossen für immer trennt.
Wie oft fällt uns beim Schreiben oder Sprechen das
Fremdwort eher ein als das ihm völlig gleichbedeutende
und durchaus noch nicht veraltete deutsche! Aber
das ist doch schon der Anfang des Absterbens des
letzteren. Man muss eingestehen, dass es jetzt viel
leichter ist, sich in unserem verausländerten Kauder-
wälsch auszudrücken als in einem nur halbwegs wirk-
lichen, reinen Deutsch. Was daher in Zukunft aus
unserer Sprache noch für ein Unding werden kann,
davon hat ein bekannter Gelehrter ein so drolliges
Bild entworfen, dass wir nicht umhin können, die Leser
damit bekannt zu machen. Er lässt einen Verfechter
des Sprachmischmasches über den ehrlichen, aber über-
eifrigen und oft ungeschickten Campe folgendermassen
herziehen:

„Rümelins Elaborate über die disparatesten,
scientifischen Materien sowohl als über Konversations-
Themata müssen auch für den enragiertesten Patrioten
und renitentesten Skeptiker eine evidente demonstratio
ad oculos sein, welch' kolossalen embarras de richesse
rezipierter Fremdwörter jede unserer usuellen Termino-
logieen involviert und wie sehr jenes ephemere Phä-
nomen unseres litterarischen Horizontes, der exzen-

trische Campe, mit seinen puristischen Absurditäten
alles outrierte, so dass seine Experimente kaum mo-
mentan tant soit peu reüssieren konnten, wenn er
der respektablen Dame Germania die Perücke deran-
gierte und sie teutonischer koiffieren wollte. Alle
stilistischen Autoritäten, alle Publizisten, alle poe-
tischen und prosaischen Zelebritäten, die haute volée
der Salons, selbst viele Urgermanen perhorreszierten
diese Tendenz als unpraktisch, reagierten dagegen mit
historischen Argumenten, mit kaustischer und mali-
tiöser Persiflage und emanzipierten sich von dieser
utopischen Sklaverei zu einem linguistischen juste
milieu als Basis und Ferment universellster kosmo-
politischer Versatilität."

Jedes der in diesem Zerrbilde gebrauchten Wörter
ist deutschen Schriftstellern der Gegenwart entlehnt
— man kann also wohl mit Recht sagen, dass unsere
Sprache krank sei, von den Schmarotzern aus der
Fremde dergestalt bedeckt, dass sie absterben muss.
Wo man aus ihrem innersten Wesen heraus neue
Ausdrücke schaffen müsste und könnte, da setzt sich
sogleich ein Fremdwort fest und verhindert diese
Neubildung. Sie kann tausenderlei gar nicht mehr
sagen und erscheint hilflos ohne die Fremdwörter,
wie ein Krüppel ohne Krücken. Nicht nur den Franzosen erscheint sie als eine Sprache aus Rand und
Band (langue débordée), sondern selbst die Halbbarbaren Ungarns verhöhnen sie. Ringsum arbeiten
Russen, Wallonen, Tschechen, Slowenen und Magyaren, ja Italiener an ihrer Ausrottung. Und trotzdem giebt es dünkelhafte deutsche Schriftsteller, welche
nicht ganz damit zufrieden sind, dass wir uns jetzt

entschlossen aufraffen, den Untergang unserer Sprache im eigenen Lande zu verhüten.

Auf eine ganz schlimme Folge der Fremdwörterei ist unseres Wissens noch nicht genügend aufmerksam gemacht worden, nämlich darauf, dass sie das Gefühl für die grammatischen Gesetze abstumpft, weil die Form der sprachlichen Eindringlinge sich ihnen nicht fügt. Nehme man irgend ein Fremdwort, etwa Bon (Schuldschein), Bureau (Schreibstube) oder das lateinische Praesens, so ist der Dativ der Einzahl von vornherein unmöglich; das Genitiv-*s* bei Bon und Bureau wagt man vielleicht, aber in der Mehrzahl muss man schon zum *s* seine Zuflucht nehmen, das es nie als Zeichen derselben im Hochdeutschen gab. Das Wort Praesens ist erst recht undeklinierbar.

Und nun gar die Aussprache! Wir müssten in unseren Lesefibeln eine ganze Seite den französischen Wörtern widmen, in denen *j* und zischlautiges *g* oder genäseltes *en, in, un, on, an* vorkommen, damit die armen Kinder nicht in den ersten Jahren ihrer Schulzeit ungebildet erschienen.

Die Schäden, welche grammatisch das Deutsche seit der Lebzeit Luthers erlitten hat, sind hauptsächlich folgende:

Man hat es aufgegeben, eine weibliche Form für die Eigennamen zu bilden, wie *Winsbeckin, Karschin, Neuberin.* Letztere gebrauchen beispielsweise noch Lessing und Klopstock.

Ebenso hat die Schulgrammatik in den ersten Jahrzehnten dieses Jahrhunderts die weibliche Form der Titel und Ämter für die Frauen der Inhaber der-

selben *(Frau Generalin, Doktorin)* vervehmt. Dann
dürfte man auch nicht Königin und Kaiserin sagen.
Die Eigennamen werden mehr und mehr un-
deklinierbar. Man sagt wohl noch im Genitiv:
Eduards, Sophiens, aber wie wenige sagen noch wie
Goethe im Dativ Eduarden neben Eduard und im
Akkusativ Eduarden, oder mit Sophien oder ohne
Sophien statt Sophie in beiden Fällen!
Die schwache Deklination verschwindet. Man liest
des Prinz Heinrich, man hört dem Mensch, den Mensch
statt Menschen. Ja, Geibel dichtet: Als dein Herz
sich meinem Herz erschloss statt Herzen.
Der Glaube an Notwendigkeit, Zweckmässigkeit
und Wohllautswirkung des Dativ-*e*'s ist ganz erstorben.
Die ausnahmsweise Deklination *e*, *ens*, *en*, *en*
gewisser männlicher Hauptwörter, durch Missverstand
dem Gotischen wieder ähnlich geworden und vorteilhaft für Genauigkeit im Ausdrucke, wird dadurch
wieder verschlechtert und ganz ungeschichtlich, dass
man das *n* an den Nominativ hängt, z. B. der Willen,
Glauben, Namen.
Ganz besonders verkommt die Sprache in der
genitivischen Apposition. In den Jahren 1830—40
schrieb man noch gerade so wie Lessing am 30. Juni
1767: „Seitdem die Neuberin sub auspiciis seiner
Magnificenz des Herrn Professors Gottsched den
Harlekin öffentlich verbrannte", aber heute meldet
ein Programm, dass das Orchester unter Leitung des
Herrn Direktor N. stehe statt Direktors. Bürger sagt
auch wenigstens mit einem Genitiv-*s*: „Er war mit
König Friedrichs Macht". Bei Luther findet man
noch zwei Genitivendungen: „Die kleider des priesters

Aarons" und „meines herrn des königs Davids". Im
Mittelhochdeutschen haben wir sowohl *des Kunic Sigemundes kint* wie *Sivrit des küneges Sigemundes suon;*
im Althochdeutschen: *ir juncfróuwôn tuot wara des
küniges Salomones.*

Diese Vernachlässigung des Appositions-*s* hat
schon die gänzliche Aufgabe desselben Fallzeichens
auch ausserhalb derselben im Gefolge. Man liest
schon gedruckt des Kollegium, des General; hier ist
wohl zu beachten, dass beide Bezeichnungen Fremdwörter sind.

Immer mehr starke Verben werden in schwache
verwandelt. Wer sagt noch: *ich buck* (von backen)
wie Luther? Auch von *triefen* sagt man nur *triefte*
oder es wagt höchstens ein Dichter *ich troff.* Das
Mittelwort vermeidet jeder, weil es mit dem von treffen,
traf zusammenfällt. Ebenso schwindet aus Deutlich-
keitsrücksichten Luthers altes Mittelwort *ungerochen*
(ungesühnt), um der gleichlautenden Form von riechen
auszuweichen. Wir hören selbst *ich gleitete* statt *ich
glitt* und *klimmte* statt *klomm* u. dgl. m.

Jakob Grimm erklärt das starke Präteritum
(einfache Vergangenheitsform) für die Hauptschönheit
und wesentlichste Eigentümlichkeit unserer Sprache;
wir möchten das starke Verb überhaupt als die Grundlage derselben bezeichnen, auf der sie ruht, und woher alle Lebenskraft ihr kommt.

Daher ist die grösste Gefahr, die ihr droht, die
den sämtlichen Mundarten des Südwestens eigene
Vermeidung jeder einfachen Form der Vergangenheit,
welche sie durch die zusammengesetzte Form des unbestimmten Perfekts ersetzen, indem sie z. B. statt

ich sah, ich kam stets *ich habe gesehen, ich bin ge-kommen* sagen.

Es ist jetzt gewiss höchste Zeit, dass der Ent-artung des Neuhochdeutschen Einhalt gethan werde, damit, nachdem drei Viertel aller Deutschen in einem Staate vereint sind, dieselben wirklich Deutsche bleiben. Zur Erhaltung unserer Sprache ist die Gründung des Allgemeinen deutschen Sprachvereins der erste Schritt gewesen. Was weiter geschehen kann und muss, wird die Zeit lehren. Soviel ist schon erkannt, dass kleine Kreise das nächste Ziel, nämlich die Säuberung unserer Sprache von überflüssigen Fremdwörtern, nicht erreichen können, und dass dazu die Mitwirkung aller einsichtigen Vaterlandsfreunde und Behörden nötig ist. In dieser Weise ist ja schon manches erreicht worden, und wenn beharrlich fortgefahren wird, so werden, wenn nicht unsere Kinder, doch wenigstens unsere Enkel das Gedicht Klopstocks zum Ruhme unserer Sprache wieder ein Recht haben, auf sie zu beziehen:

Dass keine, welche lebt, sich je mit ihr in den zu kühnen
Wettstreit wage!
Sie ist, damit ich's ganz, mit ihrer Kraft es sage,
An mannichfaltiger Uranlage
Zu immer neuer und doch deutscher Wendung reich;
Ist, was wir schon in jenen grauen Jahren,
Als Tacitus uns forschte, waren:
Gesondert, ungemischt und nur sich selber gleich.

Die Pflege unserer Sprache ist aber auch eine Bethätigung unserer Vaterlandsliebe, ja, sie wirkt selbst auf die Liebe zum Vaterlande zurück und steigert sie, weil wir immer klarer darüber werden, welches Kleinod uns die Heimat in ihr gegeben hat. Wir haben an den Grenzen unseres Sprachgebietes die Bemerkung gemacht, dass die, welche das Deutsche mit der Sprache des Grenzvolkes vertauschen, bald auch die guten Eigenschaften verlieren, welche unserem Stamme eigen sind, und die Fehler der Rasse annehmen, welcher sie sich zugesellen. So scheint uns, dass wenn wir für manches Tadelnswerte ein Fremdwort annehmen, das ein es etwa beschönigender Ausdruck ist, wir die Strenge des sittlichen Urteils vermindern, welches hervorgerufen wird, sobald man das Schlechte beim rechten Namen nennt. Darum wollen wir mit den Worten schliessen, die Uhland bei Gelegenheit der Gründung eines Sprachvereines seiner Zeit dem deutschen Volke zurief:

> Gelehrte deutsche Männer,
> Der deutschen Rede Kenner,
> Sie reichen sich die Hand,
> Die Sprache zu ergründen,
> Zu regeln und zu ründen
> Im emsigen Verband.
>
> Indes nun diese walten,
> Bestimmen und gestalten
> Der Sprache Form und Zier,
> So schaffe du inwendig
> Thatkräftig und lebendig,
> Gesamtes Volk, an ihr.
>
> Ja, gieb ihr du die Reinheit,
> Die Klarheit und die Feinheit,
> Die aus dem Herzen stammt;

Gieb ihr den Schwung der Stärke,
Die Glut, an der man merke,
Dass sie vom Geiste flammt.

An deiner Sprache rüge
Du schärfer nichts denn Lüge,
Die Wahrheit sei ihr Hort!
Verpflanz auf deine Jugend
Die deutsche Treu' und Tugend
Zugleich mit deutschem Wort. ·

Zu buhlerischem Kirren
Lass keinen Jüngling girren
Der ernsten Sprache Klang!
Sie sei dir Wort der Treue,
Sei Stimme zarter Scheue,
Sei echter Minne Sang!

Sie diene nie am Hofe
Als Gauklerin, als Zofe!
Das Lispeln taugt ihr nicht.
Sie töne stolz, sie weihe
Sich dahin, wo der Freie
Für Recht, für Freiheit spricht!

Wenn so der Sprache Mehrung,
Verbesserung und Klärung
Bei dir von statten geht:
So wird man sagen müssen,
Dass, wo sich Deutsche grüssen,
Der Atem Gottes weht.